ちくま新書

ルポ
居所不明児童
――消えた子どもたち

石川結貴
Ishikawa Yuki

1120

ルポ 居所不明児童——消えた子どもたち【目次】

第五章　救出システムの機能不全　219

疲弊する児童相談所／時代遅れの情報共有システム／最初に情報を把握するのは学校だが……／経験不足の職員が窓口に配置される／時代に追いついていない行政システム／後回しにされがちな居所不明ケース／住民票を残して転居されたら児相はお手上げ／警察による強制介入／「想定外のケース」にどう対応するか

章扉写真＝間村俊一

プロローグ

†ラブホテルに泊まる一一歳

「低気圧の影響で北日本と日本海側は猛吹雪、太平洋側も強風に警戒してください」、天気予報はそう伝えていた。予報通り、肌を刺す寒風の中を、私はもう三〇分以上歩きつづけていた。

手にしたアイパッドのナビゲーションシステムは、「目的地」だと表示する。だが、その住所に目指す建物は見当たらず、小さな戸建てや会社の事務所が並ぶだけだ。

ひとしきり近所を歩き回り、すっかりかじかんだ手で居酒屋の引き戸を開けた。色あせた藍染のれんに赤提灯、いかにも年季の入った造りの店なら、もしや情報が聞き出せるのではないかと考えた。

「こんばんは。突然すみませんが、このあたりにホテルBはないでしょうか」

頭に紺色のバンダナを巻いた店の主人が、怪訝そうに私を見る。

「ホテルB？　ええっと、どんなホテル？」

いささか声を上ずらせ、握っていた包丁を一旦置いた。

「ラブホテルです。インターネットで調べたら、この近くの住所が出てきたんですが」

私の言葉に、カウンターに座っている数人の男性客がギョッとしたように目を上げた。夜八時過ぎ、中年の女がひとり現れてラブホテルの場所を聞くのだから無理もない。

「ああ、いやぁ、そうだねぇ。確か三、四年前につぶれちゃったんじゃないかな。この裏の通りにあったけど、元々古かったからね」

やはりそうか、と軽く落胆した。できれば実際の建物を見て、従業員から話でも聞けないかと思ったがもう無理だ。当時の事情は、少年の口から語ってもらうしかない。

それが彼の心をいっそう傷つけないことを願いながら、居酒屋の主人に礼を言って外に出た。寒風はさらに激しく吹き荒れ、耳がちぎれそうに痛い。少年はこんな寒さの夜をどう過ごしていたのか、そう思ったらつい涙が込み上げた。

ホテルBを探す数時間前、私はさいたま地方裁判所に隣接する拘置所の面会室で彼に会っていた。同行してくれた弁護士が、「面会室は寒いですよ。コートを着ていったほうがいい」と言う。

拘置所の規定で、手荷物はすべてロッカーに預けることになっている。私はコートとハンカチだけを持ち、底冷えのする面会室へと入った。

透明のアクリル板の向こう、係官に付き添われて姿を現した彼は、黒い長そでTシャツしか着ていない。勾留中に一度も切っていないのか肩まで伸びた髪、かすかに幼さを残した色白の顔、細身の体を静かに折って私にお辞儀する。

「ここ、すごく寒いけど大丈夫ですか。風邪をひいてないですか」

そう問うと、「はい」とはにかんだ顔を見せ、つづけて言った。

「申し訳ありません。僕の名前は、教えられないんです」

彼は一八歳の未成年、だから本名は一切明かされていない。裁判員裁判として開かれた公判では、法廷への入出時に大きな衝立が置かれ、傍聴席からは顔が見えないようになっていた。

私も事情は承知していたから、面会室では「あなた」と呼んだ。

それでも、こうして彼のことを書くにあたり、あるいは少しでもその苦しみを伝えるためにも、名前があったほうがいい。したがってここでは仮の名前として、彼を「亮太」と呼ばせてもらう。また、関係する地名や人名についても少年であることを考慮し、すべて仮名扱いとする。

ホテルBについては、面会時に亮太から聞いた。前述したように古いラブホテルだ。亮太は一一歳からの一年以上、ここで夜を過ごしていた。一緒に宿泊するのは母親と、のちに母親が再婚し義父となる男、部屋は一泊あたり平日が四七〇〇円、休前日が五二〇〇円だった。

元ホストの男はこのころ、建築現場などで日雇いの仕事をしていた。天候や、当人のやる気次第で仕事があったりなかったり、当然得られる収入も同様だ。

日当が入ったときはラブホテルの部屋に泊まれた。むろんダブルベッドがひとつあるだけ、ときには母親と男が性交渉をする。だが、カネがない日はどうにもならない。

週に二日ほど、従業員の許可を得てラブホテルの敷地内にアウトドア用の小さなテントを張った。一家三人、窮屈な空間に身を寄せて夜を過ごす。

容赦なく雨風が叩きつける日、不安と恐怖で体が石のように固まった。わずかな菓子パンや一個のおにぎりを買う余裕もない夜は、テントの中の時間がいっそう長くて暗い。

見かねた従業員が煎餅をくれた。一枚ずつ包装された煎餅は、お茶うけとして客室に置かれたものの、客が手をつけなかった処分品だ。

男女の痴態のすぐ横で、嬌声を浴びた薄い煎餅。それが一一歳の亮太を支える食べ物だった。

†居場所を求め、さまよう日々

男の日当が入り、ラブホテルに宿泊できたとしても、午前一〇時のチェックアウト時間が来れば出ていかなくてはならない。

日雇いの仕事に向かう男を見送ったあと、亮太と母親は近くのマンガ喫茶に「無銭入店」する。一二時間連続利用できるパック料金のコースに申し込み、夜までを店内で過ごすのだ。

亮太も母親もカネはない。仕事を終えた男が日当を持って現れるのをひたすら待つ。一二時間が過ぎる前に男がカネを手に戻ってくれば、入店時には無銭状態でも退店時には支払いができる。

「彼が時間内に戻ってくるか来ないか、ある意味ギャンブルでした」

そう亮太は当時を振り返る。

たとえギャンブル的でも、日当さえ入ればなんとかしのげた。だが、ラブホテルの宿泊と同様、カネの目途が立たなければ無銭入店のカードは切れない。昼間の居場所を求め、街の中を延々さまようしかなかった。

大型ショッピングセンターの店内で買い物客用に用意された椅子やベンチに座る。長い時間は座っていられないから、商品を探すふりをして店内を歩き回った。

近くにあった野球場では、雨風をしのげそうな屋根つきの場所を見つけて一息つく。ひとけのないビルの階段で、身を縮めながら浅い眠りを貪ることもあった。

ときどきはゲームセンターを利用した。二、三枚の百円硬貨しか持たない状態で入店する。目当ては、ほかの利用客が「当たり」の出る直前でやめていったパチンコやメダルゲームの台。うまくいけば百円で数千円分のメダルを得られ、長く時間つぶしができる。

むろん、幸運な日は限られていた。カネが尽き、身を隠せそうな居場所を探せないときはあてもなく、ひたすら歩きつづけるしかない。

歩く道々、たくさんの子どもとすれ違った。ランドセルを背負った小学生、制服を着て笑い合う中学生、部活動のユニフォーム姿で走っていく高校生。

目の前を通り抜ける誰もが、それぞれの居場所を持っていた。家庭に、学校に、学習塾やスポーツクラブに。

だが、一一歳の亮太には居場所がない。本来なら小学六年生、教室でノートを広げ、体操服で校庭を駆け回り、読書や音楽、友達とのゲーム、さまざまな時間を過ごせるはずだ。

そのときの亮太には何もなかった。学校に通えず、先生の助けもなく、「この学校に所属する子ども」だと認められてもいない。彼は居所不明児童《きよしよふめいじどう》のひとりだった。

†学校から消えた子ども

居所不明児童、私がこの言葉を知ったのは二〇〇八年だ。ある小学校教師を取材した際、「うちの小学校に通っていた児童が、急にいなくなったんですよ」と聞いた。

「急にいなくなったって、どうしてですか」

連れ去りや誘拐などの事件に巻き込まれたのかと身構えたら、教師は落ち着き払った調子で言った。

「うーん、確実な理由はわからないんですけどね。たぶん保護者の借金で夜逃げしたんじゃないかと思うんです。担任が家庭訪問したら、自宅の郵便受けにいろんな督促状があふれんばかりに詰め込まれていたと。実際、給食費や教材費も滞納していて、かなり厳しい経済状況だったみたいですし」

当時、リーマン・ショックという世界的な経済危機が起きていた。日本では大手生命保険会社が倒産、住宅ローン返済に行き詰まる家庭が増え、非正規雇用の社員を雇い止めする「派遣切り」が社会問題化していた。

突然いなくなった児童の背景に、一家で夜逃げという可能性があることは考えられた。ならば、その子どもは今どうしているのだろう、私は素直な疑問を覚えた。

「いなくなった子どもの行方はわからないんですか」

「ええ、さっぱり。どこでどうしているのかなぁ」

「捜さなくていいんですか。学校で無理なら警察に届けるとか、児童相談所に連絡して調査してもらうとか」

「校長から教育委員会には連絡していると思います。ただ、捜すって言ったって、それはどう考えても無理でしょう。警察や児童相談所に頼むとか、そんな大げさなことはできませんよ。仮に夜逃げとするなら、捜すことでかえって相手は困るだろうし、親にとっては迷惑な話かもしれません」

淡々と話す教師が、私はショックだった。元気に通学していた子どもがある日突然いなくなったというのに、学校はまるで捜そうとせず、教師も他人事のようだ。たとえ親が「捜してほしくない」と思っていたとしても、それと子どもの保護とは別の問題ではないのか。

教師に率直な思いをぶつけたが、相手は困惑した顔で「そんなこと、私個人に言われても困ります」、憮然と話を打ち切った。

悶々としたまま、私は「学校から消えた子ども」について調べはじめた。その過程で、彼らが居所不明、そう呼ばれていることを知った。

正式には居所不明児童生徒と言い、義務教育期間にありながら不就学となっている小学生（児童）と中学生（生徒）を指す。ここでは便宜上「居所不明児童」という言葉を使うが、当時その実態はまったくと言っていいほど知られていなかった。

情報は乏しく、リサーチや取材は難航した。二〇一一年一二月に出した前著『ルポ　子どもの無縁社会』の中で、私はようやくその一端を取り上げることができた。

それでも、悶々とした思いは容易に解消されなかった。取材を進めるほど、実に多くの子どもたちが放置され、社会の闇に追いやられていることがわかったからだ。

†行政支援からもこぼれ落ちる子どもたち

居所不明という名称が公的に使用されているのは、文部科学省が毎年実施する『学校基本調査』だ。

同調査では、住民票を残したまま一年以上所在が確認できない子どもを「一年以上居所不明者」と表している。調査対象となるのは日本国籍を有する七歳から一四歳、義務教育期間中の小学生と中学生だ。

居所不明者に関する調査開始は一九六一年（昭和三六年）、すでに半世紀以上が経過した。言い換えれば、半世紀以上にわたって公的に調査、集計されながら、彼らの存在は一向に明るみに出されてこなかった。

居所不明、つまり居場所がわからないという意味だが、いったいどのような状態と解釈すればいいだろうか。詳細は第一章で述べるが、ここでは簡単に次の三点を挙げてみよう。

まずは、現在住んでいる場所がわからないという点。住民登録上の住所に居住せず、どこか別の場所に住んでいる可能性があるが、学校や教育委員会ではその場所が特定できていない。

次に、就学が確認できないこと。私立校入学や学区制廃止などのケースを除き、本来なら住民登録上の学区にある学校に就学するはずが、当の場所には「いない」わけだ。ならば居所不明の子どもはどこか別の学校に通っているのか、それともまったく通っていないのかという話になる。

住民登録上の地域以外の学校に就学することはできる。たとえば親の入院で一時的に祖父母と同居するような場合、わざわざ住民票を移さずに、祖父母宅の地域を管轄する教育委員会に「区域外就学」の申請をすれば学校に通える。

ただし、こうしたケースでは「申請」により、新旧の教育委員会が区域外就学の情報を共有する。居場所がわからないわけではないから、当然、居所不明とはならない。

同様に、ドメスティック・バイオレンス（DV）の被害から逃れるような場合も特例措置が取られ、住民票を移動せずに子どもを就学させることができる。こちらも新旧の教育委員会間で連絡が交わされ、就学に必要な指導要録等の引継ぎが行われるため、居所不明者として扱われない（一部教育委員会では事務手続き等のミスにより、居所不明者として計上しているケースもある）。

これらの状況を踏まえると、実際の居場所がわからない子ども、どこの教育委員会でも存在を把握していない児童生徒が学校に通っている可能性はどれほどあるだろうか。

先の学校基本調査でも、居所不明者は「不就学」扱い、実質的に学校に在籍していないと見なされている。

三つ目は、行政支援を受けられない境遇にあることだ。私たちの日常生活には、住民登録に基づいて提供される行政支援がたくさんある。たとえば国民健康保険は住民登録している自治体で加入し、保険証は住民票の住所宛てに送られてくる。乳幼児健診や予防接種の案内、児童手当や母子手当、生活保護などの受給も同様だ。

仮に北海道札幌市に住民登録している人が、神奈川県横浜市の役所に「児童手当を支給してくれ」と頼んだら、「まずは横浜市に住民票を移してください」と言われる。このように行政は住民登録に基づいた支援やサービスを提供しているため、一部の例外（ドメスティック・バイオレンスからの避難等）を除き、住民票のない人は対象とならない。

こうした事情を居所不明の子どもに当てはめると、学校に通えない、国民健康保険証を持って病院に行けない、児童手当をもらえない、乳幼児健診や予防接種を受けられない、生活保護を受給できない、そんな事態になり得る。

つまり、居所不明の子どもは単に不就学というだけでなく、生活上必要な行政支援にも結びつかない恐れがある。

†隔たりを埋めるために

居所不明児童の生活実態を、一般の人に深く理解してもらうのはむずかしい。学校に行けず教育を受けられないこと。住民登録上の住所に居住せず、医療や福祉から遠ざけられること。それは間違いない事実だが、一方でこうした記述ではおそらく肌感覚としては伝わりにくい。

私を含め、「ふつう」と呼ばれる範疇で生活してきた人たちは、学校で学び、病気になったら病院へ行くのがあたりまえだった。家には食事やふとんが用意され、テレビを見たり、お風呂に入ったりする。親子のいざこざや、暮らしに波風は立つにせよ、その日々はささやかながらつづいていく。

そうした子ども時代を経てきた人と、家を失い、学校生活も知らない人とでは、あらゆることに大きな隔たりがある。その隔たりを埋めるためには、たとえわずかでも居所不明児童のリアリティを知ってもらう必要があるだろう。

だから私は何年も、住み慣れた土地や通っていた学校から「消えた」経験のある当事者を捜しつづけた。当人しか知り得ない真実、体験者だからこそ語れる言葉の重み、それを求めて多くの時間を費やした。

だが、私のような個人の物書きには、資力も人的ネットワークにも限界がある。学校や行政などの公的書類から消えてしまった当事者を捜す、このむずかしい取材には多くの壁があった。

あきらめが募り、なかばくじけそうになっていたときに知ったのが亮太だ。

拘置所で面会した、と書いたから、亮太の現況にはおよその察しがつくだろう。彼は重い罪を犯し、少年にもかかわらず少年審判ではなく裁判員裁判の被告となった。

その罪については後述するとして、そもそも亮太はなぜ居所不明児童になったのだろうか。彼の辿った過酷な日々をあきらかにすることで、問題の本質が見えてくるように思う。

そしてそれは、彼ひとりだけの問題ではない。私たちが暮らす社会のどこかに、学校から、福祉から、親からも見捨てられた子どもたちがいる事実を浮き彫りにしたいと思う。

第一章

ひとりの少年と二万四〇〇〇人の居所不明児童

†「ブラックリスト」と呼んだ教師

駅からつづく商店街の入り口に、「パチンコ、パチスロ、メダルゲーム大放出中」と書かれた看板があった。赤や青の原色に縁取られ、美少女アニメから飛び出したような女の子のイラスト画が描かれている。

土曜日の夕方、店先の駐輪スペースは自転車と原付バイクで埋め尽くされていた。外見も年齢もさまざまな男女が、どこか高揚した顔で足早に店内へと入っていく。

かつて亮太の母親が通い詰めたというゲームセンターを前に、私は深いため息がもれた。母親がパチンコやメダルゲームに興じている間、店の外で所在なげに待つ亮太の姿を思い浮かべ、またひとつため息が重なる。

北関東の中核都市であるF市、亮太は六歳でこの街に移り住んだ。

一九九六年に隣接する市で生まれたが、一歳半のときに父親の実家があった甲信地方に転居する。両親の折り合いは悪く、夫婦ゲンカが絶えない家庭、おまけに亮太は幼稚園にも保育園にも通っていなかった。

母親は気が向くと、簡単なひらがなや計算式を教えてくれた。一方で毎日のように近所のパチンコ店に行き、些細なことに怒っては亮太を暗い部屋に閉じ込めた。

「だからいまだに、暗い部屋は怖いんです」、そう彼は言う。

二〇〇二年、両親が別居し、六歳の亮太は母親に連れられてF市に引っ越す。夫婦の別居の理由について、亮太の裁判に証人出廷した実父はこう証言した。

「母親のカネ遣いが荒く、他人を騙してでもカネを取るような人間でした。一緒に暮らしていけるような関係ではなかったです」

ならばなぜあなたが亮太君を引き取らなかったのか、そう弁護士から問いただされた父親は、「子どもは母親と一緒に暮らしたほうがいいと思っていました。自分は養育費を払って、父親としての義務を果たすつもりでした」と言った。

実際、父親は毎月四万円の養育費の支払いをおよそ六年間つづけている。だが、本来亮太のために使われるべきそのカネは、すべて母親の遊興費に消えた。

F市に転居後、亮太は地元の小学校に入学する。当時を振り返って、彼は「ブラックリスト」という言葉を使った。

「先生がみんなの前で、亮太君はブラックリストだな、と言うんです。引っ越してきたばかりの僕は地元に友達がいないし、どうしても浮いちゃって仲間はずれのようになる。からかいやすい存在だったのかもしれないけど、ときどきケンカになってしまって。だから問題児、ブラックリストというわけです」

それでも得意のマンガを描いたり、ゲームで遊ぶような数人の友達ができた。男の子らしくサッカーでもはじめようと思い立つと、母親が練習相手になってくれた。それは彼の思い出に残る、わずかながらも貴重な幸せの時間だ。

当時、母親はF市のクラブでホステスをしていた。母子家庭で暮らすだけの収入はあったが、生活は徐々に苦しくなり、また乱れてもいった。母親がホストクラブに通うようになったからだ。

間もなく自宅は、さまざまな人間の溜まり場となる。ホストだけでなく、母親と同じようにホストクラブに通う女性たち、風俗嬢、借金の取り立て屋、どこの誰かもわからない男や女が入れ替わり立ち替わり居つくようになった。

おとなたちは亮太の家で酒盛りをする。まだ七、八歳の亮太に飲酒を勧める者もいた。自分のせいで楽しげな空気を壊してはいけないという気持ちで、亮太は勧められるまま酒を飲んだ。

†自分のことしか頭にない母親

二〇〇六年、小学四年生になったころ、別居していた両親の離婚が決まった。ときおり会っていた父親は、すでに新しい女性と同居している。両親のどちらと暮らしていくか、亮太はむずかしい選択を迫られた。

「母は僕にこう言いました。パパのところに行けばモノは買ってもらえるかもしれないけど、新しい女の人がいるんだから傍にはいてくれないよ。でもママだったら、欲しいモノは買ってあげられないけど、いつも傍にいてあげられるからと。自分が父親のほうに行ったら、母がひとりになってしまう、ここに残るしかないな、そう思いました」

幼いなりにおとなの事情を察し、亮太は母親との暮らしをつづける。だがその暮らしは、ほどなく大きな転換点を迎えた。それまで母子で暮らしていた自宅を出て、ある男性に「世話」されることになったのだ。

男性は母親が働くクラブの客、いわばパトロンだった。元の自宅近くに借りてもらったアパートで、母親と亮太、男性、三人での生活がはじまった。だが、母親はホストクラブ通いをやめないどころか、気に入ったホストを追いかけて突然家出してしまう。

亮太は男性が買ってくるコンビニ弁当やカップラーメンでなんとか暮らしていたが、こんな状況ではまともに学校など通えない。

当時、父方の親戚に買ってもらったプリペイド式携帯電話を持っていた。それを使って何度となく母親にメールを送ったが、〈今、N市にいる〉、〈結婚したい人ができた〉、そんな返信が来るばかりだ。

自分のことしか眼中にない母親は、家に残した我が子を案じることもなく、〈そっちに帰るのにカネがいる。振り込んで〉と無心さえした。

亮太は父方の親戚からもらった小遣いを少しずつ貯めていた。その小遣いをはたいて一万円を振り込んだが、なしのつぶてだった。

母親が戻らないアパートの部屋で、ろくに知らないパトロン男性と同居するのは気持ち悪くてたまらない。一方の男性にすれば、亮太はただの厄介者でしかない。

もはや風呂にも入らず、食欲も失せ、一日中録画したアニメ番組を見ていた。その内容はまったく頭に入らなかったが、そうでもしなければあまりの孤独と不安に押しつぶされそうだ。

家出していた母親が帰って来たのは一カ月後。執心し、N市まで追いかけたホストの達男（仮名）と一緒だった。

その日のうちに、亮太はN市へ連れていかれる。着いたのは達男が働くホストクラブ、閉店後の店内が「宿泊場所」だ。

むろんホストクラブの営業中は居場所に困る。どこか別の場所で過ごしたいと思ってもカネはなく、亮太は店内の片隅で過ごすことになった。

ホストたちの掛け声で高価なシャンパンが開けられ、女性客のブランドバッグからは万札の束がこれ見よがしに出てくる。そんな店内で過ごすことを強いられた亮太は、当時の心境をこう述懐する。

「従業員です、って店の客に紹介されて接客することもありました。おとなたちはふざけてやってることなんでしょうけど、自分としては本当にキツかった。ホストクラブに子どもがいて、酔っぱらったお客さんの相手をするなんて、どう考えても不自然ですよね。でも、誰もそれを止めないし、むしろおもしろがっていました」

このとき亮太は一一歳の誕生日を迎えたばかり、学校に通っているとするなら小学五年生だった。

†不登校と不就学——行政上の定義

亮太が通っていたF市の小学校は、こうした異変に気づかなかったのだろうか。入学後に通っていた小学校を長期間欠席し、アパートでパトロン男性と過ごしたり、N市のホストクラブ店内で暮らしていた。F市の小学校に転校願を出したわけでもなく、おそらくこの時点では「不登校」扱いだったろう。

不登校とは、学校に在籍しているが登校していない子ども、長期欠席児童生徒である。文部科学省の定義では、「何らかの心理的、情緒的、身体的あるいは社会的要因・背景により、登校しないあるいはしたくともできない状況にあるために年間三〇日以上欠席した者のうち、病気や経済的な理由による者を除いたもの」となっている。

これを亮太に当てはめれば、母親の遊興やネグレクト（育児放棄）という要因で、学校に登校したくともできない状態である。学籍のある在学児童が不登校状態になっているわけだから、小学校では、欠席理由や健康状態、家庭環境などを確認する必要がある。

一方、不登校とは別に「不就学」があり、居所不明児童はこれに当たる。一九五五年の文部省（現・文部科学省）通達、『義務教育諸学校における不就学及び長期欠席児童対策について』において次のように定義されている。

「不就学児童生徒」とは、学齢にある者のうち、学齢簿（引用者注：学齢期の児童と生徒、および次年度に就学予定の子どもの帳簿）に記載されていない者および学齢簿に記載されている者で、義務教育諸学校に入学していない者である。この不就学児童生徒の中には、次のような者が含まれる。

①保護者が就学させない児童生徒。

②保護者が学齢児童生徒の住所地の変更、中途退学、区域外就学等の場合の手続を怠り、また誤ったため不就学となっている児童生徒。

③戸籍面からの脱落、または居所不明等により不就学となっている児童生徒。

④就学義務の猶予または免除を受けて就学していない児童生徒。

ここに挙げられた④については、一般にも理解されやすいだろう。重い病気や障害などで長期入院を余儀なくされているような場合、就学が免除、あるいは猶予された結果、不就学となっている。

ただし、この通達が出されたのは六〇年前の一九五五年。現在では重い病気や障害があっても、特別支援学校に在籍するなどして不就学にならないケースがほとんどだ。

では、①〜③についてはどうだろうか。いずれも保護者側のなんらかの事情で、子どもが不就学になっているものと考えられる。

たとえば②の「学齢児童生徒の住所地の変更、中途退学、区域外就学等の場合の手続を怠り」とは、転居などに際して保護者が学校への転入学手続きをしていないという意味だ。

わかりやすく説明するため、ここでは公立小学校から市外の公立小学校への転校手続き例を挙げてみよう。

子どもがA市の小学校に通っていたが、親の転勤に伴い一家でB市に移転することになったとする。その際、A市の学校に「転校する」旨を申し出ると、在学証明書と教科書給与証明書の交付を受ける。簡単に言うと、「A市の学校に在学していました」という証明書と、「転校先の学校で新しい教科書を無償で受け取る」ための引換券だ。

A市の役所で住民票の転出届を出し、転出証明書を受け取ったら、今度は転居先のB市の役所でA市の転出証明書とB市への転入届を提出、子どもの入学通知書（就学通知書）の交付を受ける。

子どもがあらたに通うB市の小学校に出向き、在学証明書と教科書給与証明書、入学通知書（就学通知書）を提出する。これが通常の転入学手続きの流れだ。この過程で、保護者か、または保護者に準ずる者がなんらかの事情で手続きを怠ってしまうと、子どもは新しい学校へ就学できなくなる。

とはいえ、以前の学校が転校の事実をあらたな学校に連絡してくれたり、住民票をA市からB市に移動し、実際に住民登録上の住所に居住していれば、子どもの居場所が不明になることはない。言い換えれば、「怠っていた手続き」さえすれば、不就学という事態は容易に解決する。

一方、③に挙げられている「居所不明」は住民票が移動していない。さらに住民登録上の住所には住んでおらず、どこかの学校に就学しているのかも確認できない。いわば、居場所や安否が不明のまま不就学状態に陥り、学齢簿から抹消された子どもである。

†学校はなぜ異変を察知できなかったのか

前述したようにF市の小学校を長期欠席していた亮太は、この時点では「不登校」扱いだったと思われる。在籍していた小学校は、なぜ悲惨な状況を把握することができなかったのか。

当時の学校関係者を取材したかったが、いかんせん亮太の本名は一切明かされていないため、固有名詞を使っての取材はできない。まずは一般論としての不登校対策について、F市教育委員会から話を聞くことにした。

F市教育委員会の担当職員は、教職員研修用の内部資料を私に示した。『F市不登校・いじめ防止対策』と大書きされた表紙をめくると、〈児童生徒の小さなサインを見逃しません!〉、〈気づきが重要! 全職員で発見、見守り〉、〈報告、情報共有、関係機関との素早い連携!〉、いくつもの「!」マークが並んでいる。

担当職員は、資料の内容を補足するように早口で言った。

「F市では、児童や生徒が発する小さなサインを見逃さず、早期の問題発見に努めているんです。担任が、「あれ? 何かおかしいな」、と気づいたら、すぐに管理職や他の教職員と情報共有していきます。スクールカウンセラーや児童相談所、小児科や精神科の医師、保健センター、地域の自治会、幅広い連携体制で不登校問題に対応しています」

よどみない口調は、いかにもこの手の対応に慣れているふうだ。

だが、かつての亮太の状況に照らすとなんだか白々しく聞こえる。私は感情を抑えながら、努めて冷静に聞いた。

「児童生徒が発する小さなサインとは、具体的にどういうものですか」

「そうですね、たとえば教室内で元気がない、先生に何か言いたげ、次第に遅刻や欠席が増える、欠席の理由があいまい、こういったところでしょうか」

「たとえば子どもの欠席理由があいまいなまま長期間に及ぶ、さらに保護者との接触も一切できないような場合には、どんなふうに対応されますか」

「それはもう深刻な事態と捉えて、担任や教職員による家庭訪問の実施、連絡体制の強化、児童相談所との連携ですとか、必要な方法を積極的に取りますよ。言うまでもなく早期発見、そして迅速な対応が重要ですからね」

この職員の言葉どおりなら、亮太の家庭にも担任や学校関係者が訪ねていたはずだ。だが当人は、母親が家出していた一カ月、風呂にも入らず一日中録画したアニメ番組を見ていた、そう言っている。

どちらが正しいかを軽々に判断することはできないが、仮に小学校の家庭訪問が実施されていたとしたら、当然ながら亮太の異変に気づいただろう。

あるいは児童生徒が発する「小さなサイン」を見逃さないというなら、長期欠席の状態に至る前にいくらでもサインは出ていただろう。

私は、個人が特定されないよう注意を払いながら質問をつづけた。

「実は、以前F市の小学校に在籍していた少年が、一カ月間もアパートの部屋で母親の愛人にあたる男性と過ごしていたと話しています。母子家庭でしたが、母親は家出してしまい、当人は登校どころか入浴もせず、ずっとビデオを見ていたと。こういうケースで、なぜ学校や教育委員会が異変に気づけなかったのでしょう。さきほどのお話では、迅速な対応が重要だ、そうおっしゃいましたよね？」

職員はいかにも困惑したように目を泳がせ、いっそうの早口で言った。

「いや、過去にはそういうケースもあったかもしれません。学校によっては、教職員の意識の低さ、力不足という面もあるでしょう。ただ、私ども教育委員会としては、適切な対応が取れるよう随時研修などもやっています。あとはもう、今もお話ししたように、学校ごとのばらつきというか、現場の危機意識に差が出てしまう場合はあります。教育委員会としては遺憾なのですが」

みずからの責任を問われたくないふうに言葉を選び、「現場の危機意識の差」を口にする。

取材の帰り道、私はF市教育委員会から渡された資料のコピーをまじまじと見た。〈小さなサインを見逃しません！〉、その言葉が机上の空論に思われてならず、深い失望感に襲われた。

どれほど注意を払っても、網の目からこぼれ落ちるように見逃してしまうケースはあるかもしれない。だが、こぼれ落ちていくのは機械の部品や食べ物のかけらではなく、子どもという命ある存在だ。

学籍のある、「この学校の児童、生徒だ」と公的に認められている子どもでさえこぼれ落ちてしまうのなら、すでに「不就学」扱い、つまり学籍を失い、居場所もわからない居所不明児童はいったいどうなるのだろう。

母親に連れられ、N市のホストクラブで過ごしていた亮太が居所不明児童となるのは、それから間もなくだ。その生活はより過酷に、そして出口なき迷路となっていく。

†相次ぐ引っ越しにより失われた生活の連続性

N市のホストクラブでホストをしていた達男が店を辞め、母親と亮太、それに達男の三人は一旦F市に戻る。

パトロン男性を巧妙に騙してカネを巻き上げた母親と達男は亮太を連れ、F市から伊豆地方のW町へと移り住んだ。町内の旅館で、住み込みの従業員として働くためだ。母親は仲居、達男は雑用係となり、寮の部屋をあてがわれる。

F市の小学校ではおよそ三カ月を不登校で過ごした亮太だが、当時五年生の二学期を迎えていた。二〇〇七年秋、W町への転居を機に町内の小学校に転入する。このとき、F市から住民票を移動し、通常の転入学手続きが行われている。

そのままW町の小学校に元気に通っていられれば、彼の人生はまた違ったものになっただろう。だが、ここでの生活も長くはつづかない。住み込み従業員となってわずか三カ月、母親と達男はあっけなく旅館の仕事を辞めてしまう。

W町の小学校に通っていた亮太は、「クラスに馴染めずに、早退ばかりしていた」と話すが、それでも学校生活という、子どもにとって大切な場所との関わりを持てた。

だがそれも束の間、夜逃げのような形で再びF市へと舞い戻る羽目になる。学校と離れるつらさを、亮太は切実に訴えている。

「F市からW町への引っ越し、そしてまた急にF市に戻ることになって、そのたびに大切なものを置いてこなくてはなりませんでした。友達と思っていた人との文通の手紙、学校での写真、テストのプリントとか、とにかく学校に関係するものがなくなってしまうのが本当につらかったです」

住民票はW町に残したままだった。W町の小学校にすれば、「住民登録上の住所に居住せず、居場所がわからなくなり、その後の就学が確認できない」、つまり居所不明児童である。

居所不明児童は、所在不明となって「一年以上」が過ぎないと学校基本調査に計上されない。したがって、亮太が居所不明児童として計上される二〇〇八年以降の居所不明児童数をW町教育委員会に確認した。

ところが回答はゼロだった。二〇〇八年、〇九年、一〇年、一一年、一二年、一三年、一四年、すべて「居所不明児童はいない」という。

この理由については、大きく二点が考えられる。まずはミス、つまり教育委員会が亮太を居所不明者としてカウントしなかったというものだ。仮に計上しなかったとするなら、なぜミスが起きるのだろうか。

W町が該当するかどうかは不明だが、実は多くの教育委員会で居所不明児童の計上漏れが起きている。こうしたミスが起きる背景には、「居所不明者の集計、計上方法が徹底されていない」という背景がある。

†居所不明児童への教育委員会の対応

繰り返しになるが、学校基本調査における居所不明者とは、住民票を残したまま一年以上行方不明となり、その後の就学が確認できない児童と生徒を指す。該当する子どもがいた場合、管轄の教育委員会では次のような取り扱いをするよう規定されている。

〈一年以上居所不明の扱い　一九五七年　文部省初等中等教育局長通達『学齢簿および指導要録の取扱について』より〉

学齢児童生徒の居所が一年以上不明であるときは、住民票が消除されるまでの間、その旨を異動事項欄に記入し、学齢簿の編製上、就学義務の猶予または免除のあった者と同様に別の簿冊を編製すること。

お役所文書なので難解な表現だが、要は、「一年以上行方のわからない子どもがいた場合、住民票が消除されるまでの間は、簿冊という別の帳簿内で管理しておきなさい」ということだ。

ここには聞き慣れない二つの言葉が出てくる。「住民票の消除」と「簿冊」、このうち教育委員会が直接関与するのが簿冊である。

まずは簿冊の母体とも言える「学齢簿」について説明する。学齢簿とは、義務教育を受ける学齢の児童と生徒、及び次年度に就学を予定する子どもの帳簿だ。全国の市町村と特別区の教育委員会では、住民基本台帳をもとに学齢簿の作成が義務づけられている。

たとえば来年の春に小学校に入学する年齢の子どもは、入学前の一〇月一日時点での住民登録をもとに学齢簿が作成され、就学時健診の通知や入学手続きの案内などが送られる仕組みだ。

学齢簿は子どもの就学、義務教育に関する重要な資料のため、学校に入学後も義務教育が修了するまでの間、毎年、就学状況が記載される。記載内容は、「学齢児童または生徒に関する事項」、「保護者に関する事項」、「就学する学校に関する事項」、「就学の督促などに関する事項」、「就学義務の猶予または免除に関する事項」などとなっており、個人情報保護の観点から厳重な取り扱いが求められている。

原則的には日本国籍の子どもに作成が義務づけられているが、外国籍の子どもが就学する場合でも適用される。また、住民登録をしていない子どもについては、次のような取り扱いが規定されている。正確性を期すため、関連する通達を原文のまま記載したい。

〈住民基本台帳法の制定に伴う学校教育法施行令および学校教育法施行規則の一部改正について　一九六七年　文部省初等中等教育局長通達〉

住民基本台帳に記載されていない者であっても、当該市町村に住所を有するものであれば、この者についても学齢簿を編製すること。この場合において、教育委員会は、住民基本台帳に脱漏または誤載があると認める旨をすみやかに当該市町村長に通知すること。

〈配偶者からの暴力の被害者の子どもの就学について　二〇〇九年　文部科学省生涯学習政策局男女共同参画学習課長及び初等中等教育局初等中等教育企画課長通知〉

配偶者からの暴力の被害者の子どもの転学先や居住地等の情報については、各地方公共団体の個人情報保護条例等に則り、配偶者暴力相談支援センターや福祉部局等との連携を図りながら厳重に管理すること。

つまり、なんらかの事情で住民登録のない子どもがいても、その自治体に実際に居住しているのなら学齢簿は作られ、就学は可能となる。ただし、こうしたケースで学齢簿を編製した場合には、当該の教育委員会が関係機関に通知したり、相互に連携するよう求められているわけだ。

たとえばドメスティック・バイオレンスの被害から逃げてきた子どもは、住民票を移動しなくてもあらたな居住地の学校に就学できるが、そのような事情は教育委員会が把握するから基本的に居所不明とはならない。

†就学情報を管理する「学齢簿」、不明児童を記載する「簿冊」

ところが、ここには二つの落とし穴がある。まずは、新しい居住地の教育委員会（新しい学齢簿を編製した教育委員会）が、関係機関や旧居住地の教育委員会に連絡を怠るというケースだ。

本来なら、「住民票は移動していませんが、その児童は今、新しい学校に通っています」といった情報を新旧の教育委員会が共有する必要がある。それをやらないと、旧居住地の教育委員会では、「住民票を残したまま消えてしまった子ども＝居所不明者」という取り扱いをしてしまう。

だが実際には、当の子どもは新しい学校に就学している。要は、教育委員会間の連絡ミス、情報共有の不備によって居所不明者としてカウントされるという誤った事態になるわけだ。

逆に、本当はどこの学校にも就学していないにもかかわらず、旧居住地の教育委員会が、「行方はわからないが、どうせどこかの学校に通っているだろう」と誤った推測をする場合もある。

実際には、正真正銘の居所不明、不就学状態だとしても、先に挙げたような「転居先の教育委員会からの連絡が来ないだけ」と解釈されるわけだ。こうした誤解によって、本来なら居所不明者としてカウントされるべき子どもが計上されない。

児童生徒が義務教育を受ける上で重要な学齢簿は、だからこそ厳密な記載や管理が求められている。一年以上居所不明者の場合は、行方がわからなくなってから一年以上経過した時点で学齢簿から「簿冊」と呼ばれる別の帳簿に移される。

この簿冊において、「住民票が消除されるまでの間」、または「義務教育が修了するまでの間」、居所不明児童生徒として管理されることになる。

†教育委員会のずさんな調査

学齢簿や簿冊をわかりやすく説明するために、例としてサッカーチームという設定をしてみよう。サッカーの試合に出るため一一人をレギュラー選手として登録、名簿を作る。これが学齢簿にあたる。

ところが、ひとりの選手が試合にやってこない。練習も欠席し、住んでいた家にもおらず、どこに引っ越したのかわからない状態だ。これが居所不明である。

連絡がつかず、行方もわからないまま一年以上が過ぎると、レギュラー選手の登録を抹消され、別のノートに「行方がわからなくなったのでメンバーからはずしました」という理由と当人の名前を載せておく。このノートが簿冊だ。

簿冊に名前が載ると、学校基本調査の「一年以上居所不明者」として計上される。ただし、ずっと簿冊に名前を載せておくわけではなく、住民票がなくなったり、義務教育期間が過ぎたりしたら、名前を消し、調査対象からはずすよう規定されている。

こうした管理方法が通達されたのは一九五七年（昭和三二年）、一年以上居所不明者の調査が開始されたのが一九六一年（昭和三六年）と、いずれも半世紀以上前だ。

学齢簿や簿冊といった混乱しやすい帳簿管理、調査や集計方法の不徹底があり、実際には長年ずさんな調査がつづいていた。

二〇一一年、文部科学省が全国の政令指定都市および県庁所在地、東京都内の三区、計五四市区の教育委員会を対象に『「一年以上居所不明者数」の計上方法等について』という調査を実施した。

同調査によると、五四の教育委員会のうち二割に当たる一一の教育委員会では「簿冊を編製していない」と回答、居所不明者の管理や集計がまったくできていなかった。

先のサッカーチームの例で言えば、連絡がつかず行方もわからない選手の名前を書くべきノートを、そもそも作っていなかった。

いずれも規模の大きな都市部の教育委員会である。管轄する地域に、実際には相当数の居所不明者がいただろう。にもかかわらず二割もの教育委員会が未集計、つまりゼロ回答だ。

あまりにずさんな実態を考えると、全国規模ではどれほどの未集計があるだろうか。しかも一九六一年の調査開始から、すでに半世紀以上が経っている。

†住民票の消除により「居所不明」の調査対象からはずされる

W町教育委員会で居所不明者の計上数がゼロだった理由としてもうひとつ考えられるのは、「住民票の消除」である。

再度、一九五七年の文部省(現・文部科学省)通達から〈一年以上居所不明の扱い〉を引用すると、「学齢児童生徒の居所が一年以上不明であるときは、住民票が消除されるまでの間、その旨を異動事項欄に記入」とある。

つまり、「住民票が残っている」ときは居所不明者として扱われるが、消除されてしまったら計上しなくてよい、ということになる。

住民票の消除とは、自治体の行政権限により住民登録を抹消することを指す。役所が現地調査などを行って居住の事実がないことを確認すれば、職権で住民登録を抹消できる。これは、住民基本台帳法に規定された行政職権だ。

住民登録は、納税や国民健康保険料の納付、生活保護や児童手当の受給、就学や予防接種、各種検診の案内、選挙時の投票権などさまざまな形で私たち一般市民の義務や権利と直結している。

実際に住んでいない人に、役所が何年も選挙の投票用紙などを送り、そのたびに「宛先不明」で返送されていたら実務に支障が出てしまう。あきらかに居住の事実がなければ住民登録を抹消していくのも、行政の適正な執行、実務遂行のためには仕方ない。

ちなみに、消除された人は住所の登録がどこにもないことから「住所不定」と呼ばれる。

これを亮太のケースに当てはめると、母親と達男はW町の旅館で住み込み従業員として働いていた。おそらく就労に際してW町に住民票を移動したのだろうが、結果的には三カ月で仕事を辞め、夜逃げのような形でF市へと舞い戻っている。

そうなると、住み込んでいた従業員寮に「居住の事実がない」ことは容易に発覚する。それこそ役所が旅館の従業員寮宛てになんらかの通知でも送れば、先方から「その人たちはもう住んでいませんよ」と連絡があるか、または宛先不明で返送されてくるだろう。

居住の事実がないことを確認した役所は、行政職権に基づき、亮太たち一家の住民票を消除する。こうして、「一年以上」が経たないうちに住民票が消除されてしまえば、そもそも居所不明者としては計上されないわけだ。

実際には、亮太はどこの学校にも就学せず、各地を転々とするような過酷な生活を強いられている。にもかかわらず、彼は学校基本調査の「一年以上居所不明者」としてなんら記録されなかった。

†闇に埋もれた二万四〇〇〇人の子どもたち

文部科学省という国家行政機関が行う調査において、数多くの居所不明の子どもが「対象外」となってしまう。

各地の教育委員会の未集計、ずさんな調査や簿冊管理によって計上されないケース。

住民票の消除という理由でカウントされない児童や生徒。

あるいは、かろうじて居所不明者として計上されてはいたものの、その行方や就学状況は一切不明のまま義務教育期間を過ぎた子どもは、自動的に調査対象からはずされる。

言うまでもなく、文部科学省の学校基本調査における「居所不明者」とは、学齢期の小学生と中学生（日本国籍を有する）しか対象にしていないからだ。

いったいどれほどの人数が未集計だったのか、今となってはまったく解明できない。

そもそも、集計、未集計にかかわらず、「居場所もわからず、就学の確認もできない」という子どもたちの生活がどのようなものなのか、公的には一切の調査が行われていない。

前述したように、学校基本調査において「一年以上居所不明者」の調査が行われるよう

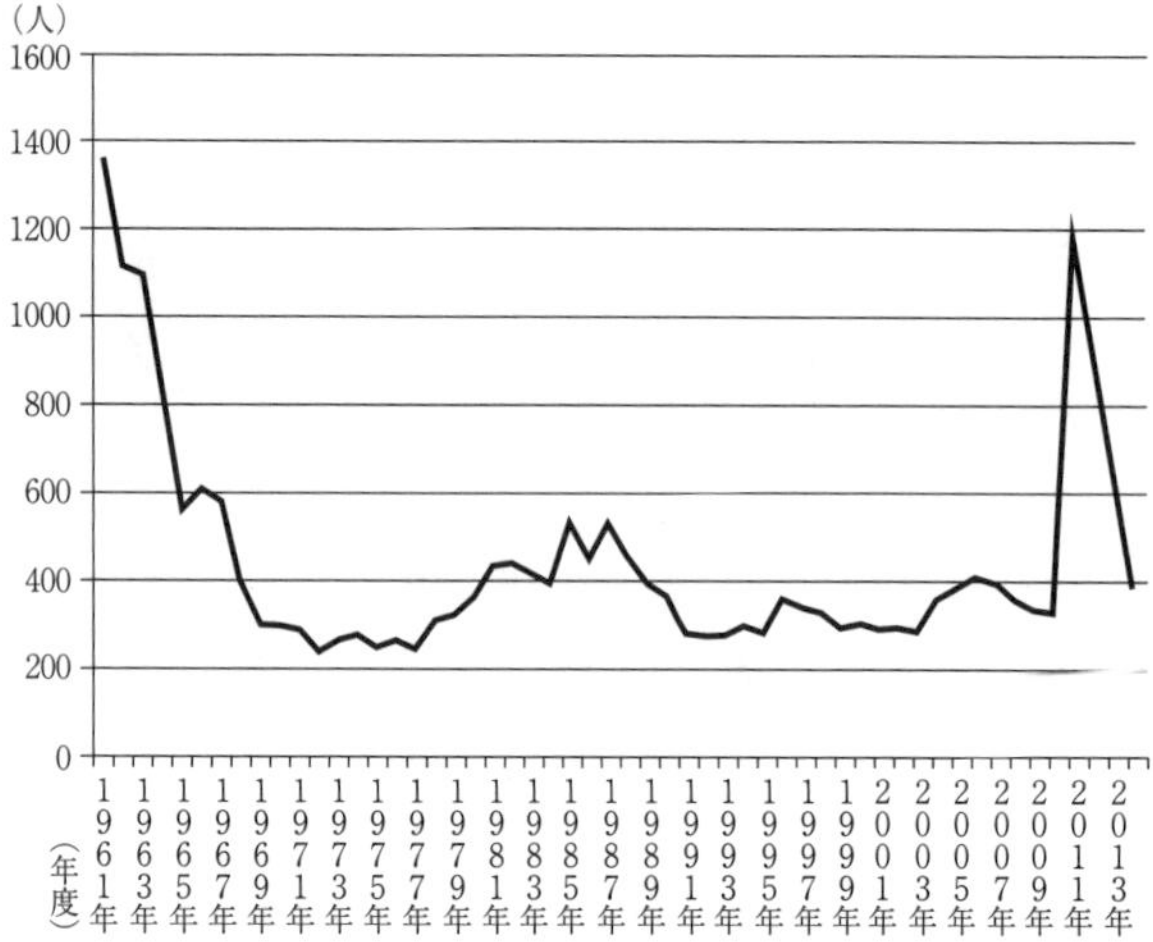

1年以上居所不明者の推移

になったのは一九六一年（昭和三六年）である。すでに半世紀以上が経過したが、この間に計上された居所不明者数はどれほどあるだろうか。

私は連日、文部科学省に通った。昭和の趣を残す重厚な旧庁舎の一角で、資料棚に保管されている学校基本調査を調べ上げた。

「室外持ち出し厳禁、コピー不可、閲覧のみ」、そう文部科学省の職員に釘を刺されていたから、資料棚の脇にある小さな机に一冊ずつ広げて内容をメモした。いずれも百科事典ほどの大きさの分厚い冊子、半世紀前のものは変色し、破れかかったページもあった。

調査開始の一九六一年から直近の二〇一四年まで、五四年分の居所不明者の累計数は約二万四〇〇〇人に達している。

もう少し詳しいデータを挙げてみよう。たとえば調査開始からの五年間は、次のような居所不明者数が報告されている。

一九六一年度　一三六五人（小学生・六九六人、中学生・六六九人）
一九六二年度　一一一八人（小学生・六三〇人、中学生・四八八人）
一九六三年度　一一〇〇人（小学生・五七三人、中学生・五二七人）
一九六四年度　八〇二人（小学生・四一一人、中学生・三九一人）
一九六五年度　五六〇人（小学生・二九八人、中学生・二六二人）

このように、わずか五年間で居所不明者数が半減している。

では、居場所がわからなかった子どもたちが見つかったり、どこか別の学校に就学しているのが確認できたということなのか。

おそらく、そうした喜ばしい例もあっただろう。だがそれ以上に考えられるのは、先に挙げたような理由で「行方がわからないまま、居所不明者の調査対象から除外された」というケースだ。

大手メディアやインターネットニュース等で居所不明児童問題が報じられるとき、たいてい文部科学省のプレスリリースを踏襲している。

たとえば二〇一四年の居所不明者数は三八三人だが、こうした数字をもって「日本には、所在がわからない小学生と中学生が三八三人もいる。深刻な事態だ」などと伝える。

三八三人という数字は間違いではないが、それは二〇一四年時点で調査、集計されたものに過ぎない。過去の調査を丹念にたどれば、居所不明者数が三八三人にとどまらないことはあきらかだ。

おまけに、教育委員会の未集計、住民登録が消除されたことなどにより計上されていない子どもたちがいる。それこそ亮太のように「居住の事実がない」となれば、住民票を失うだけでなく、学校基本調査の調査対象からも除外される。

幼い彼らは、みずからの力で公的な存在証明を得るのがむずかしい。「数字」に反映されないまま闇の中に埋もれる子どもたちを、いったい誰が見つけ、どう救い出していくのだろう。

†厚生労働省による全国調査

二〇一四年、厚生労働省が『「居住実態が把握できない児童」に関する調査』を実施した。

文部科学省では「居所不明」、一方の厚生労働省では「居住実態が把握できない」と二つの言葉が使われているのはいかにも縦割り行政だが、そもそもなぜ厚生労働省が突然全国調査を実施したのか。それは行方のわからない子どもに児童虐待の発生リスクが高い、と考えられたからだ。

厚生労働省は、子どもの福祉や児童虐待を担当する行政機関である。つまり、居所不明児童が単に「不就学」というだけなら文部科学省の管轄だが、そこに「児童虐待」が発生していれば厚生労働省が関わることになる。

文部科学省と厚生労働省の全国調査には大きな違いがある。調査対象者の年齢と国籍だ。

・文部科学省『学校基本調査』における「一年以上居所不明者数」調査

七歳〜一四歳　日本国籍を有する児童と生徒。住民票の住所地に居住確認ができず、不就学になっている者。

・厚生労働省『「居住実態が把握できない児童」に関する調査』

○歳〜一七歳　日本国籍、外国籍の子ども。乳幼児健診の未受診や不就学、住民票の住所地に居住確認ができない者。

このように厚生労働省の調査では、〇歳から六歳の未就学児、外国籍児、義務教育を終えた一七歳までの子どもが含まれることになり、対象者が大幅に拡大した。この点を踏まえて、厚生労働省の調査結果を見てみよう。

二〇一四年五月一日時点での所在不明者は全国で二九〇八人に上った。厚生労働省は各自治体に精査を求め、いわば「不明者の絞り込み」を実施する。

まずは、所在不明児の家庭についての実態把握を求めた。具体的には、住民基本台帳や戸籍の記載事項、生活保護、児童手当・児童扶養手当等の受給状態の詳細な調査、児童相談所の関与の確認等である。

これらの調査によって、「国内にいる可能性が高い」と考えられた場合には、次の三点を追加調査するよう各自治体に通知している。

・市町村児童福祉・母子保健主管部局等への照会（予防接種歴、乳幼児健診受診履歴、DV等の相談履歴の有無等）。
・転出先として考えられる住所の関係市町村、教育委員会への照会。
・児童福祉関係機関との情報共有（児童相談所等の相談履歴の有無等）。

一方、「国外に出国した可能性が高い」という場合は、東京入国管理局に照会（出国または帰国の状況確認）するよう求めた。

各自治体での精査の結果、二〇一四年五月一日時点で二九〇八人いた不明者は、一〇月二〇日時点で一四一人と激減した。当初の不明者から除外された二七六七人のうち、約四割の子どもが海外に出国したことが判明、残りの約六割は母子保健や児童福祉機関等との情報交換によって居場所が判明している。

所在不明とされた一四一人の年齢別の内訳は、就学前（〇歳から六歳）が六一人、小学生・四〇人、中学生・二七人、義務教育期間を終えた子どもが一三人となっている。

こうした結果を見ると、実際の不明者はそれほど多くない、むしろ「わずか」といった印象を受ける。実際に、「所在不明の子どもが大幅に減った」と報じたメディアも少なくなかった。

むろん多くの子どもの所在確認ができたのは非常に喜ばしいことだが、ここにも落とし穴がある。

前述した文部科学省の学校基本調査と同様に、厚生労働省の調査でも「住民票が消除された子ども」は対象になっていない。つまり、「住所不定」になり、教育や医療、福祉から遠ざけられた子どもについては、なんら実態把握されていないのだ。

†膨大な数の子どもの住民票が消えている

ところで、行政職権により住民登録が消除されてしまった子どもは、果たしてどれくらいいるのだろうか。

住民登録に関する国家行政機関、総務省自治行政局住民制度課に話を聞いたが、「住民登録が消除された人の人数については、成人、未成年にかかわらず、一切調査していない」と言う。

「実際の居住実態がない場合、住民登録を消除するのは住民基本台帳法に基づいた行政職権です。どれくらいの期間で消除するのかは自治体ごとの判断になりますし、一年間に消除された人数についても、総務省では把握していません」

今後の調査予定を尋ねたが、「まったくありません」とのことだった。そこで、読売新聞と毎日新聞が行った聞き取り調査から、一八歳未満の子どもの住民登録消除数を見てみよう。

読売新聞の調査は、全国の政令指定都市と県庁所在地、東京二三区など七四市区を対象に、住民票が抹消された一八歳未満の子どもの人数を集計している。その結果、二〇一三年度の一年間で住民票が消除された子どもは九四〇人に上っている。

各市区の人数では、静岡県浜松市・一二四人、東京都足立区・七五人、神奈川県川崎市・六〇人、愛知県名古屋市・四三人などだ（二〇一四年一〇月二七日付読売新聞より抜粋）。

また、毎日新聞でも同様の聞き取り調査を実施、二〇一三年度の一年間に住民票が抹消された一八歳未満の子どもは、七四市区で九四一人に達している（二〇一四年一一月一四日付毎日新聞より抜粋）。

二つの調査はほぼ同数、つまり政令指定都市や県庁所在地、東京二三区だけでも、一年間に千人近くの子どもの住民票がなくなっている。これが全国規模、あるいは数十年規模に及んだら、優に万単位となるだろう。

†虐待されながらも金策に走る

亮太の話に戻ろう。W町に住民登録を残したまま、二〇〇八年早々、一家は再びF市へと舞い戻った。W町の旅館ではろくに働きもせず、夜逃げ同然だった母親と達男にはむろんカネがない。せめてF市に住民票を移動くらいのことをしていれば、なんらかの公的支援に結びついたかもしれない。

だが、二人はみずからの責任で生活を立て直そうとはせず、亮太に「金策」を命じた。

「母と達男さんがストーリーを作るんです。たとえば親戚のおばさんに電車代を貸してほしいと頼むとか、お小遣いをくれるようお願いするとか。そういうストーリーができたら、実行役は僕なんです。おカネを貸してと頼むのはおとなより子どものほうがいいから、おまえがやれと。本当に数えきれないくらい何回も、親戚のところにおカネを借りに行かされました」

亮太の言葉を裏づける証言は、裁判の中でも繰り返し出ている。たとえば証人出廷した父方の親戚は、「亮太に頼まれ、三〇〇回くらいはおカネを振り込みました。総額にして

四、五〇〇〇万円になります」と語っている。
その際、「なぜおカネがいるのか」を尋ねると、次から次へと「ストーリー」が出てきた。

「友達とケンカしてケガをさせてしまった。相手の治療費を弁償しなくちゃならない」

「野球をはじめたので、野球道具が必要になった」

「野球部の合宿に行くからおカネを貸して」

そんな亮太の言葉を信じ、借金してお金を作り振り込んだ、そう親戚は証言している。

とはいえ、嘘で固めた無心が重なれば親戚のほうも不信を募らせる。金策がうまくいかないと達男は亮太を殴り、足蹴にした。

母親は「(相手を)殺してでもカネを借りて来い」と罵倒する。「おまえは働けないんだから、人を騙してカネを持ってくるしかないよ」、どれほど罵られたかわからない。

二人の虐待は恐ろしかった。それでも亮太は、誰かに「助けて」が言えない。助けを求めたくても心が凍りつき、うまく言葉にして伝えられないのだ。

このころ無心されていた複数の親族は、裁判で次のように証言している。

「亮太が小学四年生のときに離婚し、それから数年間、会っていませんでした。当人から久しぶりに会いたいと連絡が来たので駅で待ち合わせて会いました。痩せて、髪の毛が伸び放題の上、おカネの話ばかりするんです。おまえ、大丈夫なのか、と聞きました。でも当人は大丈夫、元気でやっていると言うんです。ファミリーレストランでも行こうと誘っても改札を出ようとせず、その場で一時間ほど話をしました。そうしたら駅の構内放送で亮太が呼び出されたんです。本人はその呼び出しを受けて帰っていきました」（実の父親）

「何回も何回も、おカネを貸してほしいとやってきました。でも私は、母親や達男がついているんだから、亮太が無心に来ても追い返していました。悪いのは達男、あの男にカネが渡るのが見え見えでしたからやりたくなかった。あるとき、何度もおカネをせがむ亮太の様子を見て、さすがに不憫になり後を追いかけました。一万円を渡したら、すぐ近くに母親と達男がいて様子を窺っているんです。ああ、やっぱりこの人たちが亮太を操っているんだな、と思いました」（母方の親戚）

公判中、これら親族の言葉を受けて、裁判長は異例とも言える発言をした。

「決してあなたを責めるわけではないですが、周囲にこれだけおとながそろっていて、誰か少年を助けられなかったのですか」と。

†「死ねたら楽だろうな」

F市に戻ったとはいえ、親族からは容易にカネを得られなくなった。やむなく達男が日雇いの仕事をはじめる。そのころの状況が、プロローグとして書いたラブホテルでの宿泊、敷地内でのテント生活だ。

「ラブホテルに泊まれても、二人（母親と義父）の行為がすごかった。あまりにベッドが揺れるし、声はするし、近くのソファーで寝ようと思っても寝られませんでした。あるとき、達男さんの股間に無理やり顔を押しつけられたんです。そんな僕の様子を、母は笑って見ているだけでした。あまりにショックで、気持ち悪かった。このときから人が近くにいたり、さわられたりするのがすごく怖くなりました」

食べる物にも事欠き、ときに殴られ、性的な屈辱と恐怖を味わう。それほど苦しい日々にもかかわらず、あらたな試練が亮太を襲う。

それは本来、試練などではなく、「祝福」されるべきものだ。だが、当時の亮太の状況を思えば、あえて試練と言わざるを得ない。

一家三人、ホームレス生活の中で、母親が子どもを産んだのである。

生まれた子どものプライバシーを考慮し、性別や出生時の状況は控えるが、ここでは仮の名前としてSと表記する。

Sが生まれ、亮太はますます追い詰められていった。自分ひとりでさえまともに育てられない母親が、小さな赤ちゃんなど世話できるはずもない。

達男の日当が入らなければ、ラブホテルやネットカフェにさえ泊まれなかった。おまけに日雇いの仕事の場所が転々と変わる。その都度、生まれたばかりのSを連れて移動せざるを得ない。

北関東にあるF市の公園やD市の公共施設、関東西部のG市の野球場、市や県をまたいで野宿の日々がつづいた。

あるとき、Sのためにとようやく古いベビーカーを手に入れた。だが、各所へと移動するためには、ベビーカーに衣類や日用品などの荷物を載せなくてはならない。

Sは亮太が抱っこひもで抱いた。たいした食事も取れず、痩せた亮太が、赤ちゃんを抱いて歩きつづけるのは容易なことではなかった。

先を行く母親たちに後れを取ると、もうそれだけで「グズグズするんじゃねぇよ！」と殴られる。だから、歯を食いしばって必死に歩きつづけるしかない。

野宿や路上生活の日々では、Sに赤ちゃん用の粉ミルクを飲ませることもほとんどできなかった。ミルクを溶かすためのお湯ひとつ、満足に手に入れられないからだ。仕方なくスーパーで、賞味期限が迫った割引価格の低脂肪乳を買う。

炎天下に持ち歩けば低脂肪乳はすぐに傷むが、それでも次にいつ買えるのかわからない。やがて腐りかけた低脂肪乳を飲ませるのがかわいそうで、亮太は母親に命じられるまま民家の軒先に配達された牛乳を盗む。スーパーの前に止められた自転車のカゴから買い物バッグを奪い、手に入れた食料品を一家で食べた。

当時の心境を、亮太は弁護士宛ての手記に綴っている。当人の許可を得て、ここに転載させてもらう。

――生きているのが、ただただつらいだけだった。確たる自信のない奇跡という存在だけを追い求めて、何も見えないで、まったく消えない闇の中を迷っている感じだった。死ねたら楽だろうな、何度もできないことを考えた――。

公園で野宿をしていると、警備員に起こされ、立ち退くように注意される。たとえ警備員に見つからなくても、硬いベンチや芝生の上では熟睡できるものではない。

一日中Sの世話をし、「安心して野宿できる場所」を求めて歩きつづける。疲労困憊となって歩きながらウトウトすると、またも達男に思いきり殴られた。

口から血がしたたり、折れた前歯が土の上にポロポロと落ちた。母親はそんな亮太の姿を冷笑する。むろん病院での治療など受けられない。

死ねたら楽だろうな、そう綴った言葉は、まぎれもない真実の叫びだった。

†「学校のことが知りたい」

ところで手記の一文からもわかるように、亮太にはかなりの文章力がある。私自身、彼と会ったり、手紙をもらったりして、その洞察力の深さや自己分析の的確さに感心した。

小学五年生で居所不明児童となって以来、亮太は学校教育を受けていない。どこでどうやって勉強したのかを問うと、こう説明した。

「小さなころはマンガ家か小説家になりたかったので、文章を読んだり書いたりするのは元々好きでした。テレビを見たり、携帯電話の変換機能で覚えた言葉もあります。ただ、一般的な勉強はほとんどわかりません。漢字の書き順とかも全然知らないし、なんといっても社会常識がないと思ってます。逮捕されて、上申書とかを書くことになったんですけど、最初のころはすごく幼かったと思います。今は、ライトノベル（若者向けのエンターテイメント小説）で見つけた単語を書いてみるとか、そんなふうにして漢字や文章の書き方を覚えています」

おそらく亮太には、潜在的に勉強への意欲はあったのだろう。だが、意欲を生かす場所、すなわち学校教育から遠ざけられ、基本的な学力さえ身につけられなかった。

面会時、私は亮太にこう提案した。

「もしよかったら、本やマンガを差し入れるので読んでみませんか」

亮太はためらうような顔つきで、「そんなの悪いです。申し訳ないです」と言った。

「もちろん無理にとは言わないけど、遠慮することはないのよ。私、息子二人の母親だから、男の子が好むマンガやアニメ、ゲームとか多少は知ってるんです。あなたが読みたいものをリクエストしてくれれば、それを用意しますので。何か、こういう系のものが読みたいってあるかしら？」

重ねて言うと、亮太は小さな笑みを浮かべた。

「だったら、あの、申し訳ないですけど読ませてもらっていいですか。できれば学園モノみたいな内容が読みたいです。学校に行けなかったから、文化祭とか、修学旅行とか、そういうこと知らないし。学校がどうなっているのか、すごく知りたいんです」

学校のことが知りたい、その言葉が胸を突いた。もしも亮太がふつうに学校へ通える環境で育っていたら、そう思わざるを得ない。

底冷えのする拘置所で、みずからが犯した罪と向き合う彼は、仮に学校へ通えていたならちょうど高校三年生だ。現代国語や古文、数学や物理、英語や美術、さまざまな勉強ができたことだろう。

部活動、修学旅行、受験勉強、ふつうの高校生があたりまえのように送る日々を、彼もまた過ごしていたはずだ。

私は彼のリクエストに応じてそろえた本やマンガを弁護士に託し、手紙を添えた。犯した罪と真摯に向き合うのは当然としても、少しでも学校生活を知り、勉強への意欲を持ってほしい。そこで、家庭に問題を抱える勉強嫌いの高校生が、ある教師との出会いから東京大学を目指すというストーリーのコミック本を送ってみた。

後日届いた亮太からのお礼状には、こう書かれていた。

——あきらめずに継続的なことをするのは大事なのかなと思いました。作品の中なら勉強なわけですが、勉強したくてもできなかった者はどうなるのだろうかと考えました。（コミックに）出てくる生徒は、まわりの人間に問題はあったにしろ、自分で勉強しないという道に進んだのは自分が悪いんだよな、とか考えました。決して、生活苦ではなさそうですからね――。

そういう読み方をしたのか、と私は自分の思慮不足を感じた。なるほど亮太の立場に立てば、勉強ができる環境にありながら勉強しないというのは甘えにも思えるだろう。

さらに言えば、面会時に私が「本やマンガの差し入れ」を提案したことに対し、「警戒心を感じた」、そう後日明かされた。純粋に喜んでくれたものと思っていた私はショックだったが、これも亮太にすれば当然の反応かもしれない。

あらためて彼の心を本当に理解するむずかしさを覚えたが、一方ではそのストレートな感性が「生活苦」という理由で生かされなかったことにつくづく心が痛んだ。

†学歴と収入の相関性

居所不明児童のような「不就学」のケース、あるいは貧困やネグレクトなどの事情で「不登校」となり教育を受けられないケース、いずれにしても基本的な学力を持たない子どもたちには多くの困難がある。

私が今まで取材してきた児童虐待、とりわけネグレクト家庭に育ち、不登校状態がつづいた子どもたちの学力は総じて低い。漢字の読み書きや四則計算、国語の読解力や英語のアルファベット、国内外の歴史など、「全然わからない」という子どもが何人もいた。

昔の日本なら、「学歴がなくても手に職をつければいい」、「勉強なんかできなくたっていくらでも生きていける」、そんな風潮があっただろう。実際、旧高等小学校しか出ていなくても総理大臣になった人もいる。

勉強ができなくても生きていけるというのは、ひとつの考え方ではある。学歴にこだわることなく、個人の才能や技能を駆使して立派に生きていけることは事実だろう。一方で、学歴と収入との相関性は根強く残っている。

厚生労働省『平成二四年賃金構造基本統計調査』をもとに概算すると、学歴別の平均年収は、大学・大学院卒の男性が約六四八万円。これに対し、高校卒の男性は約四五九万円、中学卒の男性が約三八四万円だ。

生涯賃金での比較になると、学歴ごとの差はさらに大きくなる。『ユースフル労働統計二〇一四』によると大学・大学院卒の男性は約二億五〇〇〇万円だが、中学卒の男性は約一億七〇〇〇万円と、八〇〇〇万円もの開きがある。

一方、子どもにかかる教育費の負担は重い。文部科学省の『平成二一年度文部科学白書』は、「我が国の教育水準と教育費」という特集を組んだ。白書の第一章では、子ども一人当たりの教育費がどれくらい必要なのか、その平均額を示している。

幼稚園から高校まですべて公立校に通い、大学も国立大学に進学した場合で約一〇〇〇万円。小中高が公立で、幼稚園と大学のみ私立校の場合は約一三〇〇万円。すべて私立に進んだ場合は、約二三〇〇万円である。

一番安上がりなオール公立（国立）コースだとしても、子どもが二人いれば約二〇〇〇万円の教育費を負担しなくてはならない。これほどの教育費が必要とされる現状では、保護者の収入格差が子どもの進学や学校選択に影響を及ぼすことは否定できないだろう。

国立社会保障・人口問題研究所の阿部彩・社会保障応用分析研究部長は、自身のホームページ『貧困統計ホームページ』で、親の学歴と子どもの貧困率をデータ化している。これによると、父親の学歴が「小学・中学卒」の場合の子どもの貧困率は三三・一％。一方、「大学卒」が六・三％、「大学院卒」では一・四％に過ぎない。

一八歳未満の子どもの貧困率が一六・三％（厚生労働省・二〇一二年調査）であることを考えると、学歴や学力、教育環境の不足があらたな貧困を呼ぶ要因のひとつとも言えるだろう。

†低学力は就労の機会を剝奪する

そもそも学力が低い、あるいは基本的な勉強さえできない子どもの場合、学歴による収入格差以前の問題として「就労」という壁がある。

農業や漁業など一次産業の場でも、今ではパソコンでの事務処理やＧＰＳ装置を使っての作業などが必須だ。肉体労働の代表格である工事現場で働くにも、運転免許証などの資格を求められることが多い。

パソコンを使いこなすには、最低でも「ENTER」や「SHIFT」など、キーボードの英語が読めなくてはならない。運転免許証を取得するためには、実技だけでなく学科試験に合格する必要がある。そして学科の教科書には、難解な漢字を使った法令や交通規則が並んでいる。

加えて日本の就労現場では、敬語はもちろんのこと、気配り、気遣い、周囲との同調、各自の創意工夫など高度なコミュニケーションスキルが必要だ。読み書き計算レベルの学力さえおぼつかない状況では、一般的な就労条件に到底適応できない。

「単純労働」などと呼ばれる各種作業現場では、外国人研修生や海外からの出稼ぎ労働者の雇用が進んでいる。誰にでもできる仕事、そう聞くと簡単に就労できそうなイメージがあるが、「誰がやっても作業効率が同じ」ならば、低賃金で働く外国人労働者のほうが優先されても無理はない。基本的な学力や一般的な社会常識を持たない子どもたちは、ますます就労のハードルが高くなる。

日頃取材でお世話になっている福祉関連の施設では、入所者である一〇代後半から二〇代前半の若者に「高等学校卒業程度認定試験（旧大学入学資格検定）」を受けさせるべく懸命の指導をする。これは、中学卒業後進学しなかったり、高校を中退してしまった人に、「高校卒業」と同程度の学力を認定、大学や専門学校への進学、就職に際して活用できる資格だ。

入所者の大半は基本的な学力だけでなく、生活習慣、社会常識に乏しい。たとえば「季節ごとの行事がある」、「新聞を読んでニュースを知る」、「郵便を出すときは切手を貼る」、こんなあたりまえの常識さえ知らない場合もある。

彼らが育った家庭では、新聞を取らず、郵便を出すこともなく、節分や七夕の行事など一切行われない。それどころか、掃除や洗濯といった基本的な家事、洗顔や歯磨きなどの生活習慣にも乏しい。

年齢だけは重ねても、社会で生きていくために大切な契約書や申請書の意味がわからず、就職しようにも履歴書とは何なのかを知らない。

先の福祉関連施設を利用していた一〇代後半のある少年は、亮太と同様にネグレクト環境で育った。母子家庭の自宅には母親の恋人が居座り、食事中や就寝中でも「目障りだ」と外に出された。

遅刻や欠席が多かったが、かろうじて学校には通っていた。勉強には到底ついていけないが、とにかく給食を食べたかったのだ。

中学を卒業後、母親の知人に紹介された廃品処理工場で働くことになり、その際「契約書にサインしろ」と言われる。むずかしい漢字がたくさん並んでいることはわかったが、内容は読めず、言われるまま自分の名前を書いて拇印を押した。

勤務は午前八時から午後六時まで、休日は週に一日しかない。慣れない仕事でミスしたり、つい寝坊して遅刻してしまうこともあったが、自分としては懸命に、まじめに働いたつもりだった。

一ヵ月後に給料日を迎えたが、渡されたのは三万円だけ。驚いて理由を尋ねると、「契約書をよく見ろ」と冷笑された。そこには、遅刻一回につき罰金一万円、作業ノルマ未達成一回につき罰金五〇〇〇円、そんな言葉があった。

少年にすれば「内容が読めずサインしただけ」なのだが、契約書を突きつけられてからはじめて事の重大さに気づいた。彼は直後に廃品処理工場を飛び出し、行くあてもなくホームレス生活を経験する。

こうしたケースからも、教育の機会を与えられない、基本的な学力を持たないことがどれほどの困難をもたらすかは自明だろう。

学校で学べず、学校生活で得られるはずの経験を失うというのは、単に「勉強ができない」では終わらない。就労の機会、社会的自立、将来の可能性、集団生活での適応力、コミュニケーション能力、自己肯定感、実に多くのものを奪われていく。

†その日暮らしからの脱却

一家に転機が訪れたのは、亮太が一四歳になって間もなくの二〇一〇年だった。当時、達男の日雇い仕事の関係で、一家は関東西部のG市で暮らしていた。といって、特定の住まいがあるわけではない。親戚からの借入も限界に達し、達男の日当頼みの日々だった。かろうじて日当が入った日はラブホテルに泊まり、カネのない日は公園や野球場で野宿する。

あるとき、昼間の時間をつぶすために利用していた図書館で、生活困窮者向けの情報案内を見つける。記載されていた連絡先に電話すると、さすがの窮状にすぐさまG市の生活保護を受給できるようになった。

F市のラブホテルの敷地内でテントを張るような生活からおよそ二年半。Sが生まれて以来、各地を転々とし、赤ちゃん用の粉ミルクさえ与えてやれない過酷なホームレス生活からようやく脱却できることになったのだ。

一家にあてがわれたのは、ドヤ街にある簡易宿泊所だった。薄い板壁で仕切られただけの三畳ほどのスペース、トイレやキッチン、シャワールームはすべて共有で、シャワーは四分一〇〇円だった。

亮太はそれでもうれしかった。雨露をしのげ、安心して眠ることができる場所にいられるだけで幸せだった。なんといっても、Sを育てる環境が整ったことに安堵した。ここなら食べ物の心配もなく、洗濯や着替えもでき、シャワーを利用できる。

「僕はSのためには、とにかくよかったと思いました。Sは母と達男さんの実の子どもでしたけど、二人は面倒なんか見ないで、僕が育てたようなものです。正直、Sが生まれる前は、ふざけんなと思ってました。なぜなら、母や達男さんに育てられるはずないと思ったから。育てる力もないのに、もうひとり子どもを持つなんてあまりに無責任だ、そんな資格はないと思ったからです。でも、もしかしたら嫉妬していたのかもしれない。だってSは母と達男さんの実の子どもで、僕は違いますから」

こんなふうに亮太は、自分や自分以外の人間を客観的に分析できる。私に宛てた手紙でも、みずからの思いをこう綴ってきた。

――厚木市の斎藤《さいとう》理玖《りく》君の事件（注：第三章に詳述）は、逮捕されてる最中に見た新聞で何回も読みました。自分は想像して涙が出ました。何の罪もない子がどうしてと、自分が犯した事件のことを棚上げしてそんなふうに思いました。子どもは無力です。子どもは親を選ぶことなんてできませんから。そういうことも考えて、本当に親自身、子どもを育てることができるのかが大事です――。

子どもは親を選ぶことができない、その言葉はあまりに重い。「親」であるべき母親と達男は、亮太を虐待し、カネを無心させ、心身ともに追い詰めるばかりだ。

亮太は自分や自分以外の人間を客観的に分析できる、私はそう書いたが、これはあくまでも「今だから」という前提がつく。

罪を犯したゆえに、彼は囚われ、それまでの過酷な生活環境から離れた。警察官、検事、弁護士など多様な人との関わりの中で、長く封印されていた元来の能力が芽生えた。

今になって、勉強への意欲や一般常識、客観的な自己分析力が生じたが、それが罪を犯した結果とするなら、あまりに残念と言うしかない。

†半年で終わった「鳥かご」生活

生活保護を受給できるようになり、亮太自身にも小さな変化が訪れた。児童相談所の職員が簡易宿泊所を訪問、近くのフリースクールに通えるよう手配してくれたのだ。

フリースクールとは、主に不登校児童を対象にした民間の学習施設である。勉強を主体にした施設、趣味や特技を生かして居場所づくりを目的にしたものなどさまざまな形態がある。

小学五年生以来まったく学校教育を受けなかった亮太は、「居場所」的なフリースクールに入ったが、工作や運動などしかできず、物足りなくてすぐにやめた。

次に紹介されたフリースクールでは、漢字の書き取りや百マス計算などの勉強ができた。久しく離れていた学習環境に楽しさを覚えたが、一方では人との距離感がうまくつかめなかった。

「これはフリースクールに限った話じゃなく、僕は集団にいることや人と接触するのを怖く感じる。自分としては小さいころからの性的な経験が原因だと思います。たとえば七、八歳のころ、自宅に居座っていた女の人たちに携帯カメラで性器を写されたことがありました。母も一緒になっておもしろがっていましたが、僕は本当にイヤだった。パトロン男性と同居していたアパートにも、大量の避妊用具や女性の下着、性的な玩具がありました。そういう経験から、誰かに近くに来られたり、肌をさわられたりすることに嫌悪感を持ってしまう。どんなふうに人とつきあえばいいのか、わからないんです」

人との距離感がわからず、フリースクールに馴染めなかった亮太と同様に、母親もまたあらたな生活に適応できなかった。生活保護を受けるわけだから、当然ながら役所の福祉担当者や児童相談所と関わらなくてはならない。生活や子育て、就労などに関しての「指導」や「注意」もある。それまで、およそ常識的な暮らしができなかった母親にとって、制約を課せられる日々は我慢ならなかった。

「役所の職員から注意を受けたりするうち、母は鳥かごみたいな生活はイヤだ、そう言いはじめました。僕にしたら、鳥にすらなれてないじゃないか、と思うんです。ただのホームレスが、今だけ首輪をつけられた状態。それでもSのためには絶対に今の生活がいいと思いましたけど、母は我慢できないんです。パチンコとかゲームがやりたい、こんな狭いところじゃなくてホテルに泊まりたい、そして実際にそういうことにおカネを使ってしまうんです」

母親が言うところの「鳥かご」生活は、半年あまりで終わった。せっかく受給できていた生活保護を取りやめ、簡易宿泊所の三畳ほどの部屋から出ることになった。

行政にしてみれば、受給者本人が「ここから出ていく。自分たちの生活は自分たちでなんとかする」と言えば止めることはできないだろう。だが、おとなはそれでもいいとして、一四歳の亮太と幼いSはどうなるのだろうか。

簡易宿泊所にいた当時、児童相談所は亮太とSに関わっていた。一家が長くホームレス状態だったこと。亮太は義務教育さえ受けていなかったこと。保護者の虐待、生活困窮、あきらかに不適切な養育環境であることを把握していた。

にもかかわらず、子どもたちは継続的な支援を得られていない。亮太は、「児童相談所の人とは二回会っただけで、何を話したかも覚えていないくらい。全然、印象に残っていません」と話す。

このときの児童相談所の対応については第五章に後述するが、公的支援とつながらなくなった一家は、再びホームレス生活に陥る。公園で水を汲み、硬いベンチや公共施設の軒下で眠る日々。目の前にある日銭に飛びつくように、各地を転々とする生活がまたもはじまった。

もはや親戚への借金もむずかしい。働かざるを得ない達男は、携帯電話の求人サイトで探した短期の仕事にかろうじて就いた。新聞販売店での勧誘や集金業務、建築現場での肉体労働、解体作業の日雇い。

途中の四カ月ほど、G市内の新聞販売店で寮完備の仕事にありつけた。住まいが確保できたことで亮太は安堵し、児童相談所の職員も居場所を知って訪ねてきたが、ここでも母親の愚かな行動があった。「客から集金したカネを持って夜逃げしよう」、そして母親と達男は、ためらうことなく実行したのである。

不法に得たカネで、一家はしばらくの間ホテルに泊まる。カネが尽きればまたホームレスだ。関東各地を転々としながら、地の利のある北関東のF市周辺に舞い戻った。寮付きの現場仕事を探すためだ。

二〇一一年一一月から半年あまりの間は、鳶職関係の会社で従業員寮に住み込んだ。翌一二年八月、達男は塗装会社に転職し、一家は再び従業員寮に住み込む。「心機一転」、母親は亮太にそう言ったという。だが、あらたな生活は亮太の運命を変え、最悪の方向へと転じていく。

†母親からの承認を求めるが……

達男が塗装会社での仕事を得て、一家は従業員寮で暮らしはじめた。とはいえ、母親が言うところの「心機一転」は脆《もろ》くも崩れる。そう言ったはずの当人がパチンコ屋、ゲームセンター通いで散財するのだ。

母親と達男は以前からたびたびケンカをしていたが、ここに至っていっそう激しい衝突が頻発した。暴れる達男は、母親を投げ飛ばし、亮太の首を絞め、Sを蹴り上げる。携帯電話の出会い系サイトで若い女性を物色し、それが原因でまたも激しいケンカになる日々だった。

一家は、達男が就職した塗装会社に「給料の前借」という形で借金をしていた。当然、必死に働いて返していかなくてはならない上、日々の生活費も必要だ。

ところが、達男は次第に仕事を休みがちになる。ますます生活は困窮するが、それがより達男を苛立たせ、激しい暴力を招いた。

ある日突然、達男は失踪した。あとに残されたのは、母親と亮太、幼いS、それに前借という名の借金だ。

亮太はこのとき一六歳になったばかりだった。小学五年生で居所不明児童になって以来、通常の学校教育はまったく受けてこなかったが、年齢だけ見れば義務教育を修了している。つまり、「働ける」年齢だ。

達男が失踪した今、誰かが代わりに働くことが急務だった。日々の生活はもちろんのこと、前借の返済、住まいである従業員寮、それらを引き受けるのは亮太しかいない。

こうして否応なく塗装会社での仕事をはじめたが、事態は容易に好転しなかった。

「働くこと自体は嫌いではなかったんですけど、前借があることはすごくイヤでした。仕事上の用語の意味もわからないし、人（社員）によって言うことが違ったりして、戸惑うことが多かったです。先輩の暴力、卑猥な話、そういうことにも慣れなくて、やっぱり大変な部分はありました」

たった一六歳で、「母親とSを養う」という立場になったわけだから、亮太のプレッシャーは察するにあまりある。だがそれ以上につらかったのが、母親の言動だった。

「くさい」、「気持ち悪い」、「近寄らないで」、幼いころからそんなふうに罵倒されてきたが、それでも亮太は母親にすがりつきたい思いを捨てられなかった。

母親が喜ぶ顔が見たかったし、母親の言うとおりにやること、できることが自分に課せられた運命のような気がしていた。

自身が一一歳のとき、ホストクラブにはまった母親に置き去りにされた一ヵ月。あのとき味わった孤独と不安は、彼の心の奥深くに「見捨てられたくない」という強烈な恐れをもたらしていた。

そんな心を弄ぶかのように、母親は亮太を無視し、ときに命令し、また別のときには小さな肯定を与える。

「食事のときでも、僕の分だけ離れたところに用意して、おまえはあっちで食べろと。パチンコ屋、ゲームセンター、勝手におカネを使ってしまうんです。前借したおカネでホテルに泊まりにいこうと言うので注意すると、へぇ偉くなったねぇ、じゃあSだけ連れていく、いつ帰るかわからないけど、って冷たく突き放される。何を言っても無駄なのか、そう思うと力がなくなり、絶望感でいっぱいでした。それでもどこかで母に認められたい、自分を見てほしいという気持ちが捨てられなかったです」

母親がときおり見せる機嫌のいい顔が、亮太にとっては一筋の光だった。だが、その光を得るためには、母親の指示に従い、歓心を買うような行動を取るしかない。

このころ、母親は亮太に何度となくカネを要求している。会社からの前借は膨らむ一方だったが、それでもなお要求は尽きない。

あるとき、亮太は何もかもがイヤになって家を出た。それでもふと、このままじゃ達男さんと同じになっちゃう、と思った。

「自分まで母とSを見捨てるわけにはいかない、そう思いました。特に、Sのことはずっと僕が育てたようなものだし、さんざんかわいそうな思いをさせてきてるから、なんとか守ってやりたかった。自分がちゃんと養えば、母も少しは認めてくれるんじゃないか、そんな気持ちで結局すぐに家に戻りました」

住み込んでいた従業員寮は、料金滞納ですでにガスが止められている。前借という名の借金は、一ヵ月の収入をはるかに上回っていた。給料日が来ても前借分が差し引かれ、「現金支給」は一円もない。

「おまえがカネを作らなかったら、Sが飢え死にするよ。それでもいいの?」

母親は亮太をひたすら追い詰めるだけだった。

†トイレの中で自分を追い込む

二〇一四年三月二六日、一七歳だった亮太は母方の祖父母宅で借金を願い出た。祖父母は母親の実の両親である。

前日、「ばあちゃんたちを殺しでもしたら、家にあるカネが手に入るよね」、母親はそう言った。亮太は「そうだね、確かに」と軽い気持ちで応じたが、思いがけず母親の表情は真剣だった。

「今の話だけど、亮太は本当にできるの？　殺せるの？」

さらに畳みかけられ、同じ言葉が何度も繰り返される。母親の歓心を買うためには、「できる」というしかなかった。

事件当日、亮太が借金を願い出る間、母親は近くの公園で待機していた。カネが手に入ったら、塗装会社の従業員寮を出てホテルに泊まるためだ。そのホテルは、母親が足しげく通うゲームセンターのすぐ近くだった。

ひとりで祖父母宅に向かった亮太は、ある「ストーリー」を口にする。今の会社を辞め、あらたにZ建設での仕事が決まったため、引っ越し費用を貸してほしいという内容だ。母親にカネを渡すため、説得力がありそうな内容を自分なりに考えた。

祖父母はそれまで、数十万円に及ぶカネを用立てていた。その上さらに借金を頼まれたため、祖父は亮太の顔を殴りつけ断固拒否した。

亮太は一旦、祖父母宅のトイレに入る。ここで、母親から言われた言葉を思い返し、煩《はん》悶《もん》した。

――このままではおカネが借りられない――。

――母は何度も、本当に殺せるの？　と言っていた――。

――母の言ったとおりにできない自分が悪い――。

母親が口にした「殺しでもしたら、カネが手に入る」、そうしなければ一家の生活を支えることができないと自分を追い込んだ。

トイレから出て、亮太は祖母を台所へおびき寄せた。延長コードで首を絞め、台所にあった包丁で背中を突き刺して殺害する。つづいて祖父の背中を包丁で刺し、殺害した。

みずからの取った行動に激しく動揺した亮太は、何も盗らずに母親が待機する公園へと向かう。祖父母を殺害してしまったことを告げると、母親は「本当に死んでいるの。死んでなかったら通報されるよ。カネは持ってきたの」と尋ねた。

亮太が何も盗らなかったことを知ると、「バッグのありか」を教え、カネを盗ってくるよう指示した。バッグの中に現金やキャッシュカードが入っていることを知っていたのだ。

亮太は祖父母宅へと引き返し、言われたとおり室内を物色する。現金八万円とキャッシュカードを奪い、公園で待つ母親に届けた。その後、母子はカードを使って二万八〇〇〇円を引き出している。

†学習性無力感ではないか？

一ヵ月後、亮太は窃盗容疑で逮捕、さらに一ヵ月経ってから強盗殺人容疑で再逮捕された。犯行時一七歳の少年で家庭裁判所送致となったが、その後「刑事処分が妥当」と判断され検察官に送致（逆送）、起訴される。強盗殺人という重罪のため、未成年ながら裁判員裁判で裁かれることになった。

二〇一四年一二月一五日、さいたま地方裁判所で初公判が開かれた。判決までの五回の公判中、争点は大きく二つあった。ひとつは亮太が強盗殺人という犯罪を実行するにあたり、母親の指示、共謀の有無である。

母親は証人出廷し、「殺して盗ってこいと言った覚えはない」とみずからの関与を否定した。検察側はこの証言に基づき「単独犯」だとする。犯行時の亮太が凶器を準備していなかった、言い換えれば、「母親が計画、指示したとするなら凶器を準備していたはずだ」、こうした状況証拠などを踏まえ母親の指示はなかったと主張した。

これに対し、弁護側の依頼で亮太の精神鑑定を行った精神科医は次のように述べている。

「少年は、母親と義父から身体的、心理的、性的、ネグレクトの虐待を受けつづけてきました。これらの被虐待経験と成育歴から、学習性無力感の状態にあったと思われます。彼には、母親から見捨てられたくないという恐怖がずっとありました。仮に母親が殺して盗ってこいと言わなかったとしても、カネを必要としていた母親の意図を察知して犯行を実行した可能性があります。殺害という行為を実行したのは、母親が少年を追い込んだからです」

精神科医が言う「学習性無力感」とは、アメリカの心理学者マーティン・セリグマンが一九六七年に発表した心理学理論だ。

実験的に檻に閉じ込めた二匹の犬に電気ショックを与える。一頭の犬はボタンを押すと電気ショックが止まる檻、もう一頭はボタンのない檻で電気ショックを止められない。

ボタン付きの檻に入った犬は、電気ショックを回避できることを学習し、自発的にボタンを押すようになる。だが、もう一頭の犬は何をやっても回避できないため、ついには無抵抗になる。こうして、電気ショックを受けつづけるだけでなく、たとえ檻の扉が開いてもその状態から逃げようとしなくなる。

亮太は幼いころから、母親や達男の虐待の受けてきた。小学五年生以降は学校にも通えず、過酷なホームレス生活を強いられた。一六歳で母親とSを養う立場になったが、前借が差し引かれて給料は一円も支給されない。

限界を超えるほどに追い詰められた状況を理解するどころか、母親はひたすらカネを要求し、遊興で散財する。亮太が絶望感に襲われ、あまりに自己中心的な母親の前に無力化していったことは想像に難くない。

だからといってその罪が許されるものではないが、一方で我が子をこれほど過酷な状況に追いやった母親や義父に罪はないのだろうか。

小学五年生で居所不明児童となった彼は義務教育を受けられなかったが、教育委員会にはその記録さえ残っていない。

ホームレス状態から脱して生活保護を受給した際、悲惨な状況を把握したはずの児童相談所は継続的な支援をしていない。

救われるべき局面で、亮太は誰からも救われないままだった。教育から、福祉から、おとなたちから見捨てられつづけた。母親や義父のみならず、ひとりの子どもをここまで放置したこの社会に、一切の責任はないのだろうか。

先の事件で、母親は強盗と窃盗の罪により起訴された。懲役四年六カ月の判決が確定して服役中の彼女は、亮太の公判に証人出廷し、こう証言している。

「亮太の犯行前、私が殺して盗ってこいと言った覚えはありません。以前、殺してでもカネを借りてこいというような内容のことは言ったかもしれませんが、それは殺すくらいの覚悟で（カネを）借りてこい、そんなつもりでした。（奪った）キャッシュカードの暗証番号は、亮太に聞かれたから教えただけです。（強盗殺人は）私が指示したわけではないから、亮太がどうしてそんなことをしたのかわかりません」

実の息子が、実の両親を殺害したというのに、他人事のような淡々とした口調だった。

†「僕のような存在を作ってはいけない」

亮太の公判において、もうひとつの争点は処分である。検察側は刑事処分を科して懲役刑に服すことを相当とした。

求刑は無期懲役。「強盗目的で二人を殺害した凶悪事件であり、成人なら死刑に相当する」、検察側はそう主張した。

亮太は犯行時一七歳の少年だったため少年法が適用される。少年法には、〈第五一条 罪を犯すとき一八歳に満たない者に対しては、死刑をもって処断すべきときは、無期刑を科する〉と規定されており、無期懲役が刑期の上限だ。つまり検察側は、最高刑を求刑したのである。

一方の弁護側は、少年院送致などの保護処分を求めた。少年院などの矯正施設で教育を受け更生させる、それが義務教育さえ受けられなかった亮太に必要な償いだと主張した。

二〇一四年一二月二五日、街が華やかなイルミネーションに彩られるクリスマスのこの日、亮太に判決が言い渡された。

「懲役一五年」、裁判長はそう告げた。

未成年の彼は、傍聴席から顔が見えないよう配慮されていたが、果たしてどんな思いで判決を聞いただろうか。

判決後、弁護士から「これから記者会見を開くけど、何か言っておきたいことはありますか」と聞かれた亮太は、静かな口調で告げた。

「僕のような存在を作ってはいけない、そう伝えてもらえますか」

第二章

不可解な失踪

†あるベテラン教師の回想

新大阪駅から電車でおよそ三〇分、S市は阪神地域に点在するベッドタウンのひとつだ。駅前ロータリーには、郊外の大規模マンションや新興住宅地をつなぐ路線バスがひっきりなしに行き来する。

そんなバスのひとつに乗って私が向かったのは、マンション群の中にあるコミュニティセンター。真新しいタイル張りの建物は、地域住民の集会や催し物、生涯学習などの場になっている。

小ホールと表示された一室、秋のやわらかな日差しが差し込む部屋で武井三郎（仮名）はパイプ椅子を片付けていた。

「夕方から高校生がヒップホップダンスの練習に来るからね。最近の子は、まぁほんまにおしゃれ」、そう笑い、六五歳の年齢を感じさせない機敏な動きを見せる。

武井は地元の中学校教師、教頭、校長を経て退職、四年前からコミュニティセンターの嘱託職員をしている。小柄ながらがっしりした体軀、現役教師のころは柔道部を率いていたという。生徒たちからはあだ名で呼ばれ慕われたが、四〇年近い教職人生の中にはいくつかの暗い思い出を抱えている。

「今の学校は、子どもにも親にもそりゃあ気を使って、やりすぎやろって思うくらい懇切丁寧な指導、対応をしてますけどね。昔はほら、ゲンコツくらわすとか、ケツを蹴るとかふつうにありましたもん。受け持ちの子が突然いなくなる、一家で夜逃げするようなことがあっても、校内じゃあそれほど騒ぎにはならなかったですよ」

午後三時、早番の仕事を終えた武井はフリースペースの談話コーナーで私と向き合う。自動販売機で買った缶コーヒーを勧めながらおもむろに話し出した。

突然、子どもの行方がわからなくなる、そんな事態が起きても、深く事情を詮索したり、ましてや警察に捜索を頼むようなことなどない。武井が教壇に立っていたころは、生徒の飲酒や喫煙、万引き、いじめ、不純異性交遊、校内暴力、目の前にすぐさま取り組まなければならない難問がいくつもあった。

決して、いなくなった生徒などどうでもいいと思っていたわけではない。それでもつい後回しし、問題を棚上げしていたのは、一家で失踪した生徒のその後が、数カ月、あるいは数年経って耳に入ってくることがあったからだ。

「隣町で暴走族に入った」、「親戚の焼き肉屋で働いているらしい」、「もう子どもがいる」、そんな噂だけでなく、どういう経緯か当の本人が地元の成人式にひょっこり現れたことさえあった。

「だからあのときもね、相当ワケありだとは思ったけど、なんというかうまい手だてがなくてね。もっと早いうちから動けばよかった、ほかにできることはあったんじゃないか、あとになったらそう思いますけど……。ともかく、心のどこかで見殺しにしたような、そういう後悔、重い塊みたいなもんが残ってますねぇ」

言葉を濁らせ、困惑気に眉根を寄せる武井が口にした「ワケあり」の一件。それは教頭の職に就いた最初の年、一九九八年の出来事だった。

†学校から忽然と消え、転校先に姿を現さない中学生

運動会、文化祭、合唱コンクール、次々と行事に追われる多忙な二学期の終盤、武井は一本の電話を受ける。相手は他県の中学校で、「住民票を残したまま、転校手続きもしない生徒が、そちらの街に引っ越したらしい」、そんな内容だった。生徒の名前はトモヤ(仮名)、中学二年生で、六月までは先方の中学校に通っていたという。

他県の中学校に在学当時、トモヤの自宅近くには母方の祖母が住んでいた。祖母の話に

よると、シングルマザーだった母親に内縁の夫ができ、トモヤとの一家三人で生活をはじめたという。当初は交流もあったが、次第にカネを無心され、関係は途絶えがちになる。六月には行先も告げずに、一家三人で突然どこかへ引っ越してしまった。

先方の中学校ではこうした事情を把握しており、「落ち着けば祖母に連絡してきて、トモヤの居場所もわかるだろう」と考えていた。ところが、数カ月経っても一家の行方がわからない。

トモヤはどうなったんだろう、そう案じていた矢先、母親から祖母に「カネを送ってほしい」と連絡があった。判明した住所はS市K町、武井の中学校の近くだという。

確かにK町は武井が勤務する中学校の学区だったが、トモヤという少年のことはなんら知らない。

「本校には転入してませんね。ともかくすぐに家庭訪問して、トモヤ君やお母さんの所在を確認してみます」

取り急ぎそう返答し、校長に報告したのち、教えられた住所地を地図で調べた。周囲を畑に囲まれ、最近になって開発が進む地域のアパートのようだ。武井は保護者と会うことを考え、夜になってからのほうがいいだろうと午後八時近くに家庭訪問する。

うまい具合に母親が在宅しており、愛想よくドアを開けてくれた。トモヤのほうは体調が悪く、奥の部屋で休んでいるという。

「こっちに引っ越してきたのは、ダンナの仕事の都合です。ただ、ちょっと事情があってまだ籍を入れてないんですわ。やっぱり、きちんとしてからじゃないとあかん、途中でダンナの苗字に変わったりしたらトモヤもかわいそうですやん。それでなかなか転校手続きしなくて、ほんまにすみませんでした。近いうち、トモヤを連れて挨拶に行きますから、どうかよろしくお願いします」

よどみなく説明する母親に、武井は取り立てて不審を抱かなかった。内縁関係という事情があるとはいえ、実際に母親に会って話ができたことに安堵し、転入学手続きの方法、制服や体操服、用意する学用品などの説明をして引き上げた。

†学校との接触を拒む母親

トモヤが通っていた前の中学校にも報告し、双方で一家の所在確認を喜んだのも束の間、一週間、二週間と過ぎても母親からは何の連絡もない。二学期の学期末も間近に迫り、武井は再びアパートを訪ねてみることにした。

今回はトモヤにも会えるだろうと踏んで、学校便りや二年生用の学習プリント、予備の副教材なども持参した。本来なら担任がやるような仕事だが、いかんせんまだ転入学手続きも済んでおらず、当然クラスの配属も決まっていない。こういうケースでは、校内実務の先頭に立ち、「学校のなんでも屋」との異名を持つ教頭の出番だ。

前回と同様、母親は武井の訪問にスムーズに応じた。「今年中には籍を入れるので、そしたら住民票もこっちに移します」、そんな話は盛んにするが、肝心のトモヤは一向に姿を現さない。

「トモヤ君は外出してるんですか」と尋ねると、やはり「具合が悪くて寝ている」という。「失礼ですが、どこが悪いんでしょうか」、重ねて問うと、「まぁいろいろあってね。またゆっくりお話に行きますわ」と曖昧な調子だ。

思春期には、身体面だけでなく精神面でもさまざまな変化が起きやすい。新しい父親との同居、突然の引っ越し、あれこれと生活が変わったわけだから、多少気持ちが不安定になっているのかもしれないと考えた。

あまり詮索するのもどうかと思いつつ、一方ではなるべく早いうちに家庭や子どもの様子を知っておきたかった。トモヤが在籍していた前の中学校にも報告したかったし、なんといっても長期の欠席による学習の遅れが気になる。中学二年生と言えば、高校進学のための学力を固める上で重要な時期だ。

武井は早めの転入学を促したく、ついせっかちな口調で言った。

「体調が悪いとなると、病院でも見てもらわなきゃならんでしょう。そこまでじゃなくても、学校には養護教諭もおりますし、いつでも相談に乗りますから。ただ、ひとまず転入学手続きだけでもやってもらいたい。そしたら、あとはゆっくり療養するなり、また元気になってから登校するなり、なんとでもできますんでね」

あくまでも好意のつもりで転入学手続きを念押しし、つづけて「ちょっぴりでも、トモヤ君と話をさせてもらえませんか」とも頼んだ。するといきなり母親の態度が豹変、顔を真っ赤にして激高した。

「あのね、この際だからはっきり言わせてもらいます。トモヤは前の学校で、先生から殴られたり、目をつけられていろいろひどい目に遭ったんです。クラスでもいじめられて、どんだけ苦しい思いをしたかわからないくらいですわ。そのせいで、ご飯は食べられない、夜も寝られない、神経トゲトゲしてて、誰にも会えんようになったんです。こんなこと言いたくないけど、こうなったのは誰のせいですか！　悪いけどね、うちとしては先生とか学校のことはもう信じられないです!」

思いがけない言葉に息を呑んだ。教師の暴力、生徒からのいじめ、そのせいで食事や睡眠も満足にとれないとは夢にも思わなかった。実のところ、トモヤの体調不良は内縁関係や借金という家庭内のややこしい問題によるもの、そう決めつけていたのだ。

それがいきなり「学校のせいだ」と打ち明けられては、容易に返す言葉が見つからない。

「そんな事情があるとは知りませんでした。それは大変申し訳ないことで、なんとかトモヤ君に早く元気になってほしいです。うちの学校としても、できるだけのことはやりますから、お母さん、いつでもなんなりと言ってください」

深々と頭を下げ、武井はトモヤの家を後にした。

†食い違う証言

母親から思わぬ事情を明かされた武井は、ほどなくしてトモヤが通っていた前の中学校に連絡を入れる。今はこの学区に暮らしているとはいえ、住民票も移動せず、トモヤの学籍は前の中学校に残ったままだ。書類上は他校の生徒で、いわば「別の場所で病気療養している長期欠席生徒」とも言えるだろう。

そうなればこちらの中学校が責任を負うというより、むしろ先方でなんらか対応してもらったほうが現実的かもしれないと考えた。

ところが母親から聞いた事情を説明すると、再び思いがけない展開になる。「教師の暴力も、生徒からのいじめもなかった」、そう説明されたのだ。

母親は「暴力といじめのせいで神経トゲトゲしている」と怒り、前の中学校ではそんな事実はないと否定する。同じ教員として中学校の言い分を信じたいのは山々だったが、これもなまじ教員であるだけに、学校がこの手の内情を伏せたがるというのも思い当たった。

どちらの言い分が正しいのか軽々には判断できなかったが、いずれにせよトモヤの今後をどうするのか、早急に決めなくてはならない。冬休み明けの新年早々にでも教育委員会を交えて協議しようと考えたが、三学期の始業式の日、母親から連絡があった。「S市に住民票を移したので、転入学手続きをしたい」という。

このとき母親は二つの条件を出してきた。ひとつは「トモヤの体調が悪いので、しばらくは登校させずに家で勉強させたい」、もうひとつは「先生が家に来るともっと具合が悪くなるので遠慮してほしい」というものだった。

前の中学校での暴力やいじめの事実ははっきりしないが、ともかくも体調が悪いというのは信じるしかない。武井の学校でも「不安」や「学校嫌い」が原因で不登校になっている生徒はいたから、自宅学習もひとつの方法として認めざるを得なかった。

母親には、転入学手続き後に教科書を給付することや、給食費、PTA会費の銀行引き落とし書類、家庭調査票などを取りに来るよう頼んだ。数日後に来校した母親は、トモヤの担任となった女性教諭と面談、教科書や必要書類は渡せたが、肝心の当人とは話もできないままだ。

何度か自宅へ電話したり、郵便受けにトモヤ宛ての手紙を残した。二、三度は玄関先まで訪ねて母親と会話を交わし、新しい父親の苗字に変わったトモヤの家庭調査票も受け取った。だが、二月の末以降ぷつりと連絡が途絶えてしまう。

どう対応したものか、考えあぐねていた武井のもとにある情報がもたらされたのは、卒業式を控えた学年末だった。

†再び突然の失踪

〈〇〇ハイツに住んでいる男の子は病気かもしれません。たぶんそちらの学校の生徒だと思いますが、とても具合が悪そうで、早く入院しなくて大丈夫でしょうか。余計なお世話

だと思いますが、よく見てやってください〉

三月半ば、一通の封書が中学校に届いた。差出人名のない匿名のものだったが、内容から察するに、多少なりともトモヤのことを知っている、もしかしたら同じアパートの住人からかもしれない。

〈とても具合が悪そう〉、〈入院しなくて大丈夫か〉という文字に、武井は飛び上がるほど驚いた。トモヤの体調がここまで悪化しているとは思わず、それどころか家でテレビでも見たり、ゲームなどで遊んでいるんじゃないかと楽観していた。

慌てて車を走らせ、トモヤが住むアパートに向かったが、何度玄関チャイムを鳴らしても応答がない。住人用の集合ポストを覗くと、一家が暮らしていた部屋の郵便受けにはチラシが溜まり、一目で不在であることがわかった。

当時、携帯電話はそれほど普及しておらず、武井も持っていなかった。大急ぎで学校に引き返しトモヤの自宅に電話したが、すでに不通となっている。

じわりと嫌な汗が流れた。トモヤがどこかの病院に入院し、母親と義父が付き添っている可能性はある。自分としてはそう思いたい。だが、今までの教職経験からすると、これはまずい事態だ、そう頭の奥で赤信号が点滅している。

校長と担任を交えて緊急に協議し、児童相談所に連絡を入れた。武井が電話口で事情を説明したが、応対する職員はやけにのんびりした口調で言う。

「事情はわかりましたが、今日の今日、児相がいきなり動くというのは無理でしょう。本当に引っ越したのかもわからないし、ひとまずそちらで近所の人か、アパートの大家さんにでも当たってみてくださいよ。前の中学校に聞けば、おばあちゃんの連絡先もわかりますよね？　おばあちゃんが何か知ってるかもしれないし、案外、向こうに身を寄せているんじゃないですか」

言われてみると、なるほど、と思った。封書の件もありつい混乱してしまったが、よくよく考えればS市への転居も突然だったのだ。以前は祖母にカネを無心していたともいうし、親族なのだからなんらか事情を知っているだろう。

他の教師と手分けして、早速関係先を当たってみることにした。祖母の連絡先を調べるのは担任に任せ、武井はアパート住人や大家に話を聞く。そうして浮かび上がった事実は、想像以上に複雑な様相を呈していた。

†「ガリガリに痩せていた」という目撃証言

大家やアパート住人の話から、トモヤ一家が二週間ほど前に引っ越したことがわかった。たまたま住人のひとりが様子を窓から見ていたが、「ガリガリに痩せた男の子が、お父さんにかつがれて車に乗せられていた」という。

また別の住人は、一家がアパートに転居してきた前年の六月以降、何度か言葉を交わしたり、トモヤが母親に「支えられて」歩く姿を目撃していた。武井や、のちに児童相談所からの聞き取りに対し、その住人はこんなふうに説明している。

——夏ごろまでは家族三人で買い物に行くような姿がありました。トモヤ君が学校に行ってない様子だったので、一度お母さんに尋ねると、「前の学校でいじめに遭って行けんようになった」と。それで、ああかわいそうに、と思っていたんです。

秋祭りのときに、地区の子ども会でお菓子を配ったので、トモヤ君の分を渡しに行きました。そのときトモヤ君が奥の部屋から出てきたんですが、かなり痩せていて、お母さんに支えられて歩いていたんです。

ビックリしましたが、お母さんは「いじめの後遺症でご飯が食べられない」と言うんです。そうとは知らずにお菓子なんか持ってきて悪かったと謝ったら、お母さんもトモヤ君も「いや、うれしいです」と喜んで受け取ってくれました。

そのあと、今年になってからお母さんとすれ違ったとき、「中学校に通うことになった」と聞きました。だから、元気になったんだと思って安心していたんです――。

この住人の証言は、結果的に別の住人の目撃談とは逆になっている。つまり、「痩せていたトモヤが元気になった」のではなく、さらに「ガリガリになって車に乗せられていた」というふうに。

†棚上げにされた居所不明児の調査

トモヤの安否はおろか、一家の行方は杳《よう》として知れなかった。他県に住む祖母には、この二、三カ月一切の連絡がないという。役所に照会したところ、住民票はK町のアパートに残ったままだった。

引っ越し業者を見つければ行先がわかるのではないかと手当たり次第、市内の業者に電話した。だが、どこも「心当たりがない」との回答だ。

間の悪いことに、ちょうど学年末のこの時期、教師たちは多忙を極めていた。高校入試はあらかた終わっていたが、私立校の二次募集や三次募集、進学書類の整備、新年度の準備、教職員の人事異動もある。

行政機関である児童相談所も同様で、職員の異動時期と重なり、トモヤの一件は先送りされたような形となった。

教頭の武井自身、新入生の受け入れ準備をはじめとする校内雑務に追われ、息つく暇もない。むろんトモヤの身を案じてはいたが、大家やアパート住人から話を聞いたきり、児童相談所との連絡や連携はほとんどできなかった。

一九九九年四月新年度を迎え、トモヤは「書類上」三年生に進級した。四月の半ば、武井は児童相談所にトモヤの件を問い合わせている。児童相談所がどんな情報をつかんでいるのか、あるいはどういう調査をしているのか、少しでも進捗状況を知りたかった。

ところが先方の説明は意外なものだった。トモヤの祖母とは定期的に連絡を取っているが、そのほかの具体的進展はない、もうしばらく待ってください、そう告げられた。

遅々とした動きに腹が立ったが、そういう自分のほうも目の前の仕事に追われ、ほとんど何もできていない。この間にやったことと言えば、書類上三年生に進級したトモヤの学齢簿や指導要録を管理し、学級名簿に名前を載せ、配属されたクラスに机とロッカーを用意したくらいだ。

情報がわかり次第教えてくれるよう頼んでいた児童相談所から連絡があったのは、さらに一カ月が経ったころだ。

「トモヤ君の体調不良や、居所が不明な点は心配ですが、これは児童虐待等の緊急事案ではないと思われます。トモヤ君やお母さんは以前の学校で受けたいじめに悩み、対人不安や人間不信で一時的に世間から身を隠しているのではないかと。児相としては当面、不登校のケースとして扱っていきますので、中学校でも学籍はそのままにしておいていただけますか」

言葉こそ丁寧だったが、事実上の調査打ち切りだった。

†記憶の底でくすぶる疑念と後悔

武井と向き合う談話コーナーの外は、すっかり陽が落ちていた。ほのかに街路樹を映す暗い窓とは対照的に、コミュニティセンターの中は煌々と明かりがつき、学校を終えた高校生が三々五々集まってくる。最初に武井が言った「ヒップホップダンス」だけでなく、音楽バンドや演劇の練習用にホールを開放しているからだという。

三時間以上も話しつづけた武井は、おもむろに立ち上がると談話コーナーを出て行った。しばらくして戻ってきたその手には、資料棚から持ち出したというS市の空撮写真誌がある。

空撮写真を指で示しながら、武井はふと神妙な顔になった。

「私が勤務していた中学校はここで、トモヤ君が住んでいたアパートはこのあたり。あのころはまだずいぶん畑や空き地があったけど、今はマンションやらコンビニやら、えらい建ってますからね。こうしてどんどん変わって、ふつうだったらトモヤ君の一件はとっくに忘れてるかもしれません。なにしろ一回も登校しないどころか、当人の顔さえ見てませんし……」

武井がそう言うのも無理はない。教職歴の長い教師だったら、担任した子どもの数だけでも延べ千人以上になる。一人ひとりの子どもの顔や名前、学力や個性、家庭環境などを覚えていたくても、時間の経過とともに記憶は薄れる。

ましてや一度も登校しなかったトモヤのようなケースを詳細に覚えておくのはむずかしい。にもかかわらず、武井がこう語るのには理由がある。

トモヤの行方がわからなくなった四年後、教師や児童福祉関係者に大きな衝撃を与えた事件が発覚した。「岸和田事件」と呼ばれるその事件報道に接したとき、真っ先に思い浮かべたのがトモヤの一件だった。

武井は「心臓が止まるかと思った」と当時を振り返り、つづけて「まさかと思いたいが、トモヤ君のときとよく似ていて……」、そう唇を噛んだ。

†岸和田事件

二〇〇三年一一月、大阪府岸和田市に住む中学三年生の少年が、自宅マンションの一室から餓死寸前で発見された。体重は二四キロにまで減り、長期の栄養不良によって脳が萎縮、重度の心身障害を負うことになる。

少年は実父と内縁の妻から虐待を受けていた。殴る、蹴る、長時間正座させるといった身体的虐待のみならず、事件発覚の一年以上前から六畳の部屋に軟禁され、数日に一度しか食事を与えられないなど過酷なネグレクト状態に置かれた。

衰弱が進み自力で歩けないようになると、薄いブルーシートの上に寝たきりにさせられる。排泄した汚物は垂れ流し、骨が露出するほどの褥瘡（床ずれ）ができていた。

少年は軟禁される前、虐待を受けながらもかろうじて中学校に通っていた。教師たちは髪が伸び放題になり、次第にやつれていく姿を目撃、家庭での虐待を疑う。その後、少年が軟禁状態に置かれ不登校になった際には、担任が繰り返し家庭訪問している。

だが、父親の内縁の妻から「(少年が)寝ているので呼び鈴を鳴らさないでほしい」などと言われ、当人への面会を一切拒否された。虐待を疑われる生徒が長期間欠席していることを危惧した中学校では、地元の児童相談所に二度にわたって通報している。

一方の児童相談所は、内縁の妻に電話で事情を聞く。「学校には行ってないが、元気に出歩いている」、「本人が学校に行きたくないと言っている」、そんな説明を信じて家庭訪問さえ行わず「不登校」と判断、調査を打ち切った。

事件発覚後、学校側は「何か問題があれば児童相談所から連絡があると思った」と言い、児童相談所側は「虐待を疑った理由について学校から詳細な事情を聞くべきだった。連携が取れていなかった」と釈明した。

†学籍に関する記録は残されているが……

武井が岸和田事件報道に接し「心臓が止まるかと思った」と振り返ったのは、トモヤとの類似点がいくつもあったからだ。

学校との接触を拒み、当人に会わせようとしない保護者。調査を頼んでも、具体的に動かない児童相談所。なにより、食事さえ与えられないまま軟禁状態に置かれ、餓死寸前にまで追い詰められた少年を想像し、その姿が顔を見たこともないトモヤと重なって慄然とした。

トモヤについての話の最初、武井が「見殺しにしたような、そういう後悔、重い塊みたいなもんが残って……」と口にしたのは、この岸和田事件を踏まえての正直な思いだろう。むろん、突然の失踪時、トモヤが本当にガリガリに痩せていたという確証はない。仮にそれが事実だったとしても、母親が言っていたように「精神的な問題から食事や睡眠が取れなくなった」ことが原因なのか、あるいは親による虐待が理由なのか、今となっては突き止めようがない。

もっと言えば、失踪から一年後、不登校扱いのまま「書類上の中学卒業」をしたトモヤのその後——。住民票はS市からどこかへ移ったのか、それとも抹消されたのか。他県に住む祖母になんらか連絡があったのか。どこか別の土地でそれなりに暮らしているのか。義務教育を修了したトモヤの所在はおろか、風の噂さえ耳にできず、武井にはそれからの姿を想像しようがない。

それでも、トモヤの写真一枚載らない卒業アルバムと、当人の手に渡らなかった卒業証書は、「おそらくまだ、中学校に保管されているはず」、作ったような硬い笑みを浮かべて言う。

「指導要録はどうですか。確か、学籍に関する記録は二〇年間、指導に関する記録は五年間、学校に保管されるはずですよね？」

私はトモヤの公文書である指導要録について尋ねた。これは在籍する児童や生徒に関するさまざまな記録、たとえば学習成績、出欠状況、行動、転入学などについて担任が記録、校長が検閲するもので、進学時の内申書などの原簿となる。

指導要録は学校教育法施行規則によって保存期間が定められ、「学籍に関する記録」は卒業から二〇年間、「指導に関する記録」は同五年間、在籍していた学校内に残される。

トモヤは一度も登校しなかったが、書類上は中学校を卒業したことになっている。したがって指導要録のうち、「学籍に関する記録」はまだ残っているはずだ。

私の問いに、武井は小さく頷いた。

「ああ、あれから二〇年までは経ってませんから、学籍に関する記録は保管されてるでしょう。ただそれはあくまでも帳面上の話ですんでねぇ。残っていたところでどうにもならんですわ」

深いため息をつきながら複雑そうに首を振る。四〇年近い教職人生に残る暗い思い出、その後悔を辿るように硬い目をしたままだ。

私たちが向き合うすぐ近く、コミュニティセンターの一室にはダンスや演劇の練習に汗を流す少年少女がいる。あたりまえのように高校に進学し、親に甘え、ときに反抗し、それでも見守ってくれる家庭が彼らにはある。ならば、突然姿を消したトモヤのその後にも、こんなふうに楽しい時間はあったのだろうか。

明暗などという言葉では言い表せない、それぞれの子どもの人生。武井は黙したまま、私も次の言葉を探せないでいる。

†児童虐待防止法

再度、トモヤのケースにおける児童相談所の対応について触れたい。武井は児童相談所に電話連絡を入れ、トモヤが一度も登校しないまま失踪したこと、匿名の封書の件、アパート住人の目撃談などを伝えている。にもかかわらず、児童相談所は当人の体調不良や母親の意思による自主的な不登校と判断、具体的な調査や援助を怠った。

いったいなぜ、実質放置するような事態を招いたのか。法的な動きとともに、その問題点を振り返ってみよう。

トモヤが失踪した一年後、二〇〇〇年五月に『児童虐待の防止等に関する法律（児童虐待防止法）』が公布され、同年一一月に施行された。この法律の成立以前、つまりトモヤの失踪時には『児童福祉法』（一九四八年施行）によって児童虐待への対応が定められていた。

児童福祉法には、たとえば次のような条項がある。

通告の義務　第二五条　虐待を発見した者は児童相談所などに通告する義務がある。
立ち入り調査　第二九条　虐待が疑われた家庭などに立ち入ることができる。
一時保護　第三三条　保護者の同意を得ずに子どもの身柄を保護することができる。

ところが、この法律では「何をもって虐待と定義するのか」が明確でなく、児童相談所は立ち入り調査や身柄保護に消極的だった。第二八条には「家庭裁判所の承認を得て被虐待児を施設入所などさせるための申し立て」という条項もあるが、「手続きの方法がわからない」などの理由で、実質的にはほとんど機能していなかった。

トモヤのケースで、武井は「職員がやけにのんびりした口調だった」と話しているが、当時の児童相談所の一部は、相当に危機意識が薄かったと言わざるを得ないだろう。

その一方、児童虐待の相談処理件数は一九九〇年度の一一〇一件から、九九年度には一万一六三一件と一〇倍に急増する。

児童福祉法とは別に、児童虐待に対応する法律の必要性が高まり、二〇〇〇年に成立したのが児童虐待防止法である。ここに至って、児童虐待は次のように定義された。

第二条　この法律において、「児童虐待」とは、保護者（親権を行う者、未成年後見人その他の者で、児童を現に監護するものをいう。以下同じ。）がその監護する児童（十八歳に満たない者をいう。以下同じ。）に対し、次に掲げる行為をすることをいう。
①児童の身体に外傷が生じ、又は生じるおそれのある暴行を加えること。（身体的虐待）
②児童にわいせつな行為をすること又は児童をしてわいせつな行為をさせること。（性的虐待）

③ 児童の心身の正常な発達を妨げるような著しい減食又は長時間の放置その他の保護者としての監護を著しく怠ること。（ネグレクト）
④ 児童に著しい心理的外傷を与える言動を行うこと。（心理的虐待）
（引用者注：児童虐待防止法は二度の改正を経て、現在は定義の一部が変更されている）。

児童虐待防止法は、二〇〇四年、二〇〇七年と二度の改正が行われている。このうち〇四年の改正においては、先の岸和田事件が一部影響を与えたと言われている。それは「児童虐待の定義の拡大」、「教職員等の努力義務」、「通告の義務」だ。

たとえば第二条の「児童虐待の定義」では、「保護者以外の同居人による虐待」を加え、対象範囲を拡大している。これは父親の「内縁の妻」が虐待を行った岸和田事件を踏まえての改正である。

また、教職員等の努力義務を求めた第五条と、通告の義務に関する第六条は、それぞれ次のように改正された。

〈二〇〇〇年児童虐待防止法〉

第五条　学校の教職員、児童福祉施設の職員、医師、保健婦、弁護士その他児童の福祉に職務上関係のある者は、児童虐待を発見しやすい立場にあることを自覚し、児童虐待の早期発見に努めなければならない。

〈二〇〇四年改正児童虐待防止法〉

第五条の見出し中「早期発見」を「早期発見等」に改め、同条中「学校」を「学校、児童福祉施設、病院その他児童の福祉に業務上関係のある団体及び学校」に改め、同条に次の二項を加える。

2　前項に規定する者は、児童虐待の予防その他の児童虐待の防止並びに児童虐待を受けた児童の保護及び自立の支援に関する国及び地方公共団体の施策に協力するよう努めなければならない。

3　学校及び児童福祉施設は、児童及び保護者に対して、児童虐待の防止のための教育又は啓発に努めなければならない。

〈二〇〇〇年児童虐待防止法〉

第六条　児童虐待を受けた児童を発見した者は、速やかに、これを児童福祉法（昭和二十二年法律第百六十四号）第二十五条の規定により通告しなければならない。

〈二〇〇四年改正児童虐待防止法〉

第六条第一項中「受けた」を「受けたと思われる」に、「児童福祉法（昭和二十二年法律第百六十四号）第二十五条の規定により」を「福祉事務所若しくは児童相談所又は児童委員を介して福祉事務所若しくは児童相談所に」に改め、同条第二項中「児童虐待を受けた児童を発見した場合における児童福祉法第二十五条」を「第一項」に改め、同項を同条第三項とし、同条第一項の次に次の一項を加える。

2　前項の規定による通告は、児童福祉法（昭和二十二年法律第百六十四号）第二十五条の規定による通告とみなして、同法の規定を適用する。

〇四年に改正された児童虐待防止法では、学校関係者等に一層の積極的な対応を求め、児童や保護者に対しても児童虐待防止に関する教育、啓発を行うよう定めている。

また、広く一般市民に対し「虐待を受けた子ども」だけでなく、「虐待を受けたと思われる子ども」を発見した際にも通告をするよう義務づけた。つまり、あきらかに虐待があると確証できなくても、「疑い」の段階で通告義務が生じるようになったのだ。

†文科省の驚くべき調査報告

このように児童虐待防止法の改正にまで影響を与えた岸和田事件には、もうひとつ重要な側面がある。一般的にはまったく知られていないが、事件を契機として二〇〇四年、文部科学省が全国の公立小中学校を対象に調査を実施したのだ。

調査は、長期間学校を休んでいる児童生徒の状況、所在の確認を目的としたもので、同年三月一日時点で学校を三〇日以上休んでいる小学生と中学生を対象とした。つまり、岸和田事件の被害少年と同様に長期間学校を休み、保護者の拒絶等によって当人の状況確認ができないケースを把握するためのものだ。ここでは驚くべき結果が報告されている。

・学校を三〇日以上連続して休んでいる児童生徒数は四万九三五二人。

・三〇日以上連続して休んでいる児童生徒のうち、学校の教職員が会えていない児童生徒数は一万三九〇二人（二八・二％）。

・三〇日以上連続して休んでいる児童生徒のうち、学校も他の機関の職員等も会えていないと思われる児童生徒数は九九四五人（二〇・二％）。

・学校も他の機関の職員等も会えていない主な理由は、

a　児童生徒本人の心身上の理由により会うことができない（六六・一％）。

b　保護者の拒絶により会うことができない（九・一％）。

c　その他（居所不明、域外に居住、連絡が取れない等）（一六・七％）。

長期間欠席している全国の小中学生のうち、「学校も他の機関の職員等も会えていない」ケースがおよそ一万人。そのうちの四分の一、約二五〇〇人の子どもは、「保護者の拒絶」や「居所不明」、「連絡が取れない」という理由で状況や所在の確認ができていない。「居所不明」や「連絡が取れない」などのケースでは、さらに次のような報告も上がっている。

・家庭が多額債務等により転居を繰り返し、所在がつかめない。

・父親の暴力から逃れるため、母親が子どもを連れて所在不明。
・電話連絡が取れず、家庭訪問しても誰も出てこない。
・家庭訪問しても長期間不在のようで応答がない。

凄惨な岸和田事件のあとに、これほどの「会えない」、「居場所がわからない」子どもが調査報告されていたにもかかわらず、この結果はまったく注目されなかった。

ちなみに、同年の学校基本調査で報告された「一年以上居所不明者数」は、三五七人(小学生・二五八人、中学生・九九人)である。

†問題を把握しながらも実効的な対応ができなかった文科省

文部科学省では調査結果を受け、二〇〇四年四月、初等中等教育局児童生徒課長通知『現在長期間学校を休んでいる児童生徒の状況等に関する調査結果とその対応について』を出す。この中では、全国の教育委員会に対しいくつかの要望を行っている。

たとえば、「学校も他の機関の職員等も会えていない」ケースにおいては、次のように通知した。

——当該児童生徒に会うことができず保護者から協力が得られないなど、学校関係者のみでは当該児童生徒の状況把握が困難である場合には、学校だけで対応しようとせず、早期に教育委員会への連絡、相談を行うとともに、地域の民生・児童委員、主任児童委員、児童相談所、福祉事務所、警察署、少年サポートセンター、少年補導センターなどの関係機関等の協力を得て状況把握に努めること――。

このように今から一〇年以上前の二〇〇四年時点で、長期間欠席したまま所在確認ができない児童生徒への対応策が示されている。言い換えれば、文部科学省は一〇年以上前から、多くの子どもの安全が確認できない、行方がわからないことをあきらかに把握していた。

にもかかわらず、その後こうした子どもたちを捜し、安否を確認するための具体的な方針は示されただろうか。少なくとも私が取材する現場の教師たちは口々に言う。

「一〇年も前にそんな情報があったなんて、まったく知りませんでした。児童相談所や警察との連携は、ここ最近、出てきた話ですよ。その連携だって、正直な話、ほとんどできていません。児童や家庭の個人情報をどこまで漏らしていいのか、校内の誰が責任を持って対応に当たるのか、命令指揮系統だってはっきりしていない。そもそも学校自体、保護者の職業や家庭の経済状況もわからず、連携しようにも具体的な情報に乏しいんです」

（千葉県・公立小学校教師）

「家庭訪問しても会えない、長期欠席したままの子どもがいたとしても、地域の民生委員さんや町内会役員さんに事情を聞くことが現実的とは思えません。賃貸マンションやアパートに暮らしているご家庭では、地域住民とのつながりもなく、表札さえ出していない。教職員が民生委員さんに話を聞きに行っても、そういう子どもが住んでいたの？　と逆に聞き返されるくらいです。派遣労働や短期雇用など保護者の就労状況も不安定になってますし、離婚や再婚で家族構成が変わるケースも増えている。子どもの生活状況を把握し、他の機関と情報共有するというのは、非常にハードルが高いと思いますね」（埼玉県・公立小学校教師）

文部科学省からの「通知」があった〇四年に教員採用された三〇代の公立中学校教師はこうも言う。

「あのころは教員採用数が減っていました。現在、三〇代の中堅どころ、一番働き盛りの年代はどこの学校でも層が薄いんです。それでなくても学校現場は忙しく、またその忙しさがなかなか世間に理解されない」

以前に比べれば教師の多忙さは知られるようになってきたとはいえ、いまだに「先生は夏休みが四〇日もあっていいですねぇ」とやっかまれることも少なくない。だがその実態は「過労死寸前」だと言う。

教材の準備、授業、部活動の指導、生活指導、進路指導、通知表作成といった基本的な仕事だけでも相当な時間を取られるが、加えて保護者対応、通学路パトロール、美化運動、ネットトラブル対応、地域連携……、挙げたらキリがないほどの業務が押し寄せる。

さらに、それこそ一〇年くらい前からは膨大な報告書作成が求められるようになった。授業時数報告書、学級運営方針報告書、学習指導計画、保護者からのクレーム処理報告書、アレルギー対策計画書、通学路巡回報告書等々。

報告書作成のための事務作業は、すべて校内のパソコンで行う。個人情報保護やコンピューターウイルス感染を防ぐため、USBメモリー等の記憶媒体を外部に持ち出すことは禁止されているのだ。

「部活動が終わって午後七時くらいからの事務作業、帰宅が深夜になることもありますよ。その間にも保護者からの苦情電話に対応したり、生徒からさまざまな相談事が寄せられる。目の前の仕事をこなすだけでいっぱいいっぱい、いや目の前の仕事さえ処理できないほどの激務なんです。文科省が、現場の状況も踏まえずに考えたお役所文書なんて、たいした効力はないでしょう」
彼らの言葉からは、文部科学省が一〇年以上前に出した要望が、肝心の現場にほとんど浸透していないことがわかる。

†なぜ教育現場は後手にまわったのか?

二〇一一年、居所不明児童の問題が一部マスコミ等で報じられるようになった。私自身、同年一二月に刊行した『ルポ　子どもの無縁社会』という自著の中で、居所不明児童について取り上げている。

社会的な関心の高まりを受け、二〇一二年、文部科学省は全国の教育委員会を対象に『居所不明児童生徒に関する教育委員会の対応等の実態調査』を実施した。これは〇四年調査の「長期間学校を休んでいる児童生徒」から、「居所不明児童生徒」、つまり住民票を移転せず、その後の就学や所在が確認できない子どもに的を絞った形になっている。

だが、八年という年月を経た上で調査されたにもかかわらず、学校の情報把握、他機関との連携はさほど進んでいない。

一二年の調査では、一四九一件の居所不明者数が報告されている(同年の学校基本調査による一年以上居所不明者数は、九七六人）。

「居所不明となった主たる理由として考えられること」としては、

・貧困による債務逃れ。
・保護者等による児童生徒への虐待から逃れるため。
・保護者が派遣労働者や短期間労働者であることによる短期間の転居。
・保護者が外国人で、国外転居の手続きをしないまま国外に居住。

などが挙げられているが、実は一番多かった回答は「不明」なのだ。

一四九一件中七八三件、五三％の教育委員会では、なぜ子どもがいなくなってしまったのかまったくわからないと回答。さらに、八一六件、五五％という過半数が、児童相談所や警察、市町村福祉部、民生委員等と「連携していない」とした。

子どもや保護者と一切の連絡が取れない、居場所がわからないというのに、なぜこれほどまでに遅々とした動きなのだろう。

本来、居所不明児童の問題に真っ先に対応しなければならない教育現場に、いったい何が起きているのだろうか。

†膨大な業務で疲弊する教師たち

居所不明児童問題への取り組みの遅さ、あるいは教師たちの多忙さや疲弊の背景として、教育現場を取り巻く環境の変化を考えてみたい。

たとえば教員採用数を見てみよう。先の公立中学校教師が「三〇代の中堅どころは層が薄い」と話しているが、全国の公立小学校、中学校の教員採用数は九〇年代後半から二〇〇〇年代前半にかけて大幅に減った。

一九九二年に採用された教員数は、小学校・一万九八八七人、中学校・七八三九人で合計一万八八二六人。その後、採用数は減少の一途をたどり、二〇〇〇年には小学校・三六八三人、中学校・二六七三人、合計で六三五六人となった。八年間で、小中学校とも三分の一に激減している。

少子化で子どもの数が減ったことだけでなく、九〇年代以前の大量採用により全体の教員数が大きく膨らんでいたため、この時期の「新卒採用」が減らされたのである。

ところが、二〇〇一年からは一転して採用数が上昇する。団塊世代の教員の大量退職を間近に控え、新卒採用が求められるようになったからだ。以降、採用数は一貫して増えつづけ、二〇一三年には小学校・一万三六二六人、中学校・八三八三人で合計二万二〇〇九人。「底」だった時期から三倍以上になった。

こうした状況は、当然ながら教師の年齢構成に影響する。年齢の高いベテラン教師と経験の浅い若手教師が多く、働き盛りの中堅層は少ない。文部科学省の調査では、公立小中学校の教師のうち五〇歳以上が三五・六％、四〇～四九歳が二七・七％で全体の六割以上を占める。

現在、小学校教員の平均年齢は四四・四歳、中学校教員が四四・三歳、あきらかに中高年層に偏っている。中堅どころや若手に実務が集中すれば、「過労死寸前」となっても無理はない。

公立小学校に採用されて二年目の女性教師はこう嘆息した。

「教師になって痛感したのが、本来の授業に取り組む前の準備や事務作業の多さです。たとえば体育の授業で水泳をやるとします。事前に学校指定の水着や水泳キャップなどを購入してもらうための用紙を配る。支払えない家庭、支払いを忘れた家庭には繰り返し電話連絡です。ようやく集金が終わっても、水着のサイズ交換とか、色が気に入らないから返品とか、保護者の要望にすべて応えなくてはなりません。既往症やアレルギーなど児童の健康チェック、プール利用の保護者同意書、泳力でのグループ分け、紫外線や感染症防止対策、プール周辺の草刈りや用具の補修。こんなふうに肝心の授業の前に、膨大な作業が押し寄せるんです」

この教師の勤務校では、校長の発案により毎月一回「担任評価」というアンケートが実施されている。保護者が担任への意見や要望を書くのだが、どう対応したものか困惑する内容も少なくない。

「水泳前には子どもに日焼け止めクリームを塗ってもらいたい」、「女の先生は生理のときにプールに入れないので、授業がおろそかになります」、そんな言葉を目にして、つい心が折れそうになるという。

†評価のまなざしに晒される教育現場

「担任評価」や「学校評価」など、保護者や第三者機関が教師、学校を査定する動きは二〇〇〇年代に入ってから顕著になった。一方で、学校内での内部評価も時期を同じくして着々と実施されている。

政府主導で二〇〇〇年に出された『教育改革国民会議教育を変える一七の提案』では、

教員の免許更新制、人事考課制度、専門知識を獲得する研修や企業での長期社会体験研修、能力不足の教員の配置転換や免職など、教師への「評価」が明確に打ち出された。

同年、人事考課制度をいち早く取り入れた東京都教育委員会では、まず「教員が学校の課題や校長が示す学校経営方針を踏まえて自己の目標を設定」する。次に「自己の持つ力を最大限に生かして目標の達成」に取り組む。各々の教師が設定した目標については、「校長・教頭が業績評価を行って指導や助言」をする。

簡単に言えば、教師の通知表を校長がつける、というものだ。その後、同様の人事考課制度は全国の教員委員会に広がっていった。

教師たちは多忙な仕事の合間を縫って、教員評価用の自己観察書や自己申告ノートを記入する。「自己の持つ能力を最大限に生かして目標の達成」を目指すためには、授業や学級運営、学校内外の実務はもとより、保護者の要望に応えられる能力をアピールしなくてはならない。

とりわけ「保護者の要望に適切に応えているか」は、教員評価上、重要視されているという。教員の不祥事が相次いで報道される昨今では、「開かれた学校づくり」や「説明責任を果たす重要性」が求められ、いっそうのきめ細かい保護者対応をしなくてはならない。

公立小学校に勤務する五〇代の女性教師は、「若手や中堅の苦労はよくわかりますが、ベテランはベテランなりに今の教育現場についていけない」と話す。

「家庭環境が複雑な子どもが多くなった上、親も仕事などで忙しい。子どもは寂しさからつい大げさなことを言って、親の気を引こうとしたりする。教室でちょっと友達とぶつかっただけなのに、激突して頭が割れそうになったとか。親は担任に猛抗議するだけでなく、校長や教育委員会にも苦情を伝えます。そうなると担任の監督不行き届き、保護者対応のまずさが指摘され、能力不足だと評価されます。日常的に、丁寧すぎるくらいの対応をしないと、ダメ教師のレッテルを貼られてしまうんです」

児童の小さなケガや子ども同士の些細なトラブルでも、いつ、どこで、どのように発生し、どう対応したかをパソコンのエクセルで一覧表にする。パソコンが苦手なベテラン教師たちは、こうした作業だけでも四苦八苦だ。

彼女の勤務校ではパソコンで作った報告書を印刷し、保護者と校長、それぞれに渡すよう規定されている。だが、ときにはこれさえも苦情のタネになる。「なぜ手書きしないのか。心がこもっていない」という保護者がいるのだ。

†学校は居所不明問題にどう取り組めるのか

先の教育改革では、教員評価の必要性として、「個々の教師の意欲や努力を認め、良い点を伸ばし、効果が上がる」という内容を掲げる。高い能力を持つ教師の待遇を上げ、ダメな教師は冷遇していくわけだが、こうした人事査定の権限は校長が持つ。言い換えれば、校長の主観や判断が大きく影響してくる。

人事考課制度が導入される以前、教員の人事構成は校長、教頭、一般の教諭だった。ところが現在は一般教諭の中に「階級」がある。校長、教頭（一部地域では副校長）の管理職以外に、一般教諭が「主幹教諭」、「主任教諭」、「指導教諭」、「教諭」などにランク分けされている。

ランクに応じて給与額も変わる。文部科学省の『学校教員統計調査』によると、小学校教員の一カ月の平均給与額は「主幹教諭」が四二・二万円、一方「教諭」は三三・八万円だ。給与額の開きもさることながら、人事評価の権限が校長に集中することで不透明さや不満が生じやすい。

加えて教員の非正規雇用（有期雇用）化も進んでいる。二〇一二年時点での公立小中学校の非正規雇用教員は約一一万三〇〇〇人、教員全体の一六・一%を占めるまでになった。「先生」と呼ばれる人のうち、およそ六人に一人が非正規だ。

非正規雇用でも常勤講師という立場ならクラス担任も務める。ただし、小学校常勤講師の場合、一カ月の平均給与額は二三・九万円。正規雇用の「教諭」より一〇万円も少ない上、あくまでも有期雇用でいつ解雇されるかわからない。

こうした人事構成が教師同士の関係を分断、孤立させ、それぞれの疲弊に拍車をかける。学校以外の関係機関、教育委員会や児童相談所などとの連携以前に、そもそも学校内の教職員が協調することさえむずかしい。

取材した複数の教師に、「問題が山積する教育現場で、居所不明児童の問題にどう取り組めると思うか」と尋ねた。だが、前向きな答えはほとんどなく、むしろ「あきらめ」に似た声が多かった。

「居所不明、就学の確認もできない子どものことは心配ですが、一教師ができることには限界があります。学校全体で危機感を持つ必要があるでしょうが、現実的にはそこまでの余裕はないと思います」

そう話した男性教師に、「では、どうすれば学校全体で危機感を持てるようになりますか」と重ねて問うた。

彼はしばらく沈黙し、どこか歯切れの悪い口調で「大切な問題とは思いますが……。具体的な方法はわかりません」と言った。

それでも、自分が担任し、毎日教室で向き合ってきた子どもがある日突然消えてしまったら、教師は本当にあきらめられるのだろうか。

居所不明児童という重い問題を前に、一教師は果たして無力なのだろうか。

疑問を胸に、私はひとりの女性を訪ねてみることにした。

†失踪した姉妹

雪に覆われた初冬の富士山は、厳粛なまでの美しさを見せる。東京駅から新幹線でおよそ一時間、富士山を間近に臨む駅を降りると、改札口に村山恵美子（仮名）の姿があった。

淡いパープルのウールジャケットに茶色のハーフブーツ、五〇歳を過ぎたはずなのに年齢よりずっと若く見える。

私の姿を認めた村山は小さく手を挙げ、「車で来たから、乗ってください」と白い軽自動車に案内してくれた。二年前、体調を崩したのを機に小学校教師を退職、それまで住んでいた都心近くの街からこの地に引っ越したという。

五〇分ほど走った軽自動車は小さな平屋建てに着いた。村山が退職金をはたいて買った自宅兼セカンドライフの場所だ。

彼女は若くして離婚し、子どもがいない。「だから教え子を我が子と思って、教職に人生を賭けてきた」と話す。その言葉を裏付けるように、招かれて入ったリビングルームには、壁や造り棚のあちこちに教え子との写真が飾られている。

教室内での授業風景、遠足時の集合写真、卒業式の涙、おとなになった元教え子の結婚披露宴、さまざまな幸せを映す写真からは、充実した教職人生だったことが窺える。

そんな彼女にも苦い過去はあった。二〇〇四年、ともに教え子だった姉妹が失踪したのである。

当時、五年生を担任していた村山はおかしな噂を耳にした。クラスの女子児童、マイコ(仮名)が万引きをしているというのだ。

噂として聞き流せない内容だ。放課後、話の出所らしい子どもたちを呼んで確認すると、「スーパーでおカネを払わず商品を持ち帰っているのを見た」、「友達の家で親のサイフからおカネを盗んだ」などと言う。

まさか、と信じられなかったが、ひとりの女子児童の言葉が気になった。「先生、マイコはピアノをやめちゃったんだよ。ピアノ教室の先生のおカネも盗んでいたんだって」、そう話したのだ。

マイコは、飲食店経営者の父親と専業主婦の母親、二歳年下で三年生に在籍する妹・ハルカ（仮名）との四人暮らしだった。村山は妹のハルカが一年生のときの担任でもあったため、一家の家庭環境はあらかた承知していた。

住まいは4LDKのマンション、母親は外車に乗り、姉妹そろってピアノを習っている。とりわけ姉のマイコは熱心で、校内の音楽発表会では張り切って演奏する姿があった。

そんなマイコが万引きし、ピアノ教室の先生からおカネを盗むとは考えられない。悪質な噂としてクラスの子どもたちに厳重注意したかったが、一方で当人からも事情を聞いてみる必要がある。

翌日、マイコを面談室に呼び出して話を聞いた。なるべく慎重に事の真意を尋ねたつもりだが、当人は頭を垂れたまま黙してしまう。ついにはシクシクと泣き出したため、そのまま帰宅させるわけにもいかなくなった。

自宅まで送り届け、母親とも話をしよう、そう決めてマイコとともにマンションへ向かった。ところがマンション前まで来ると、マイコはいっそう泣きじゃくる。懸命になだめると、やがて絞り出すように言った。

「先生、もうここ、うちじゃないんです。お母さんと私とハルカは、今、別のところに住んでます」

そうして案内されたのは、駅にほど近いウィークリーマンション。コンパクトな家具や家電、食器などが備え付けられており、長期出張のサラリーマンなどがよく利用する。

マイコと一緒に入った室内には、数個の衣装ケースやダンボール箱が置かれていたが、あれほど熱心に習っていたピアノはむろんない。およそ生活感のないその空間は、いかにも寒々しかった。

†父の浮気で家庭が崩壊

姉妹を担任してきた村山は、母親とも懇意だった。マイコを送り届けた際に母親と話をし、ここに至るおおまかな経緯を知ることができた。

父親は居酒屋やクラブなどを経営するが、以前からたびたび女性問題を起こしていた。夫婦はこうした問題を巡り、ずいぶん前から険悪だったという。

それでも経済的に夫に依存する母親は、「娘たちのために」という思いで耐えていた。妻としてのプライドはずたずただったが、まとまった生活費を渡され、子どもたちに不自由のない暮らしをさせられるならそれでいい。世間体や我が子の将来を考えても、離婚という選択肢は考えられなかった。

ところが数カ月前、夫が自宅に帰らなくなった。どうやら女性と別宅で暮らしているらしく、携帯電話にもほとんど出ない。会社の事務所で待ち伏せしたり、探し当てた別宅へ押しかけたりしてようやく話ができた。そこで、「離婚してくれ」と一方的に告げられたというのだ。

母親は断固拒否したが、以来、生活費を渡されなくなった。クレジット会社のファミリーカードや公共料金の引き落としに使っていた夫名義の銀行口座が一方的に解約され、いわば兵糧攻《ひょうろうぜ》めにされた。

弁護士に相談し、何度か夫に交渉してもらったが、今度は嫌がらせの電話がかかってきたり、注文していない商品が次々届くようになる。いきなり葬儀社が訪ねてきて、「こちらでお葬式のご依頼がありました」と言われたことさえあった。

夜も眠れず精神的に疲れ果て、自分で蓄えていた貯金も減ってきた。これ以上耐えたところで娘たちにもいい影響はないと思い知り、ひとまず自宅を出ることにした。母親は涙ながらにそんな内容を打ち明けた。

突然の苦境に陥った上に、よりによってマイコの万引きの噂を伝えるのは忍びない。といって、伏せたままにしておくわけにもいかず、かいつまんで事情を説明した。母親はさらなるショックを受けた様子だったが、それでも「娘とよく話し合ってみます」と気丈な顔を見せた。

村山は、三年生の妹・ハルカの担任にも家庭の事情を伝えたいと申し出て、こう励ました。

「今はお母さんもとてもおつらいでしょうが、マイコちゃんとハルカちゃんも急な生活の変化で大変なことだと思います。学校にできることはなんでもやりますし、二人については教職員一丸となってしっかり支えていきますから。なんとか力を合わせて、この状況を乗り越えていきましょうね」

心からそう思い、目の前の母子の力になりたいと考えた。だが、それから二カ月ほど経った三連休明けの日、姉妹は学校に姿を見せなくなった。

杳として知れぬ母子の行き先

村山と、三年生のハルカの担任の二人は、その日のうちに母子が住んでいたウィークリーマンションを訪ねている。訪問前、緊急連絡先として登録されている両親の携帯電話に連絡したが、父親のほうは番号が変わっており、母親には何度かけても応答がなかった。

まさかとは思うが室内で倒れているような事態も考えられる。ウィークリーマンションはオートロック式でエントランスまでしか入れなかったため、取り急ぎ管理会社に連絡した。だが、「親族か、または警察や消防などの緊急要請でないと勝手に鍵を開けられない」と言われる。

学校の管理職からも、「ひとまず父親から事情を聞くのが先決だ」と指示された。とはいえ、肝心の会社名や経営している店の名前を知らない。このころ、個人情報保護の観点から、家庭調査票には保護者の年齢、職業や会社名等の記載がなくなっていたのだ。

自宅も携帯電話も連絡がつかず、父親の職場はわからない。以前、一家で住んでいたマンションの関係者なら何か知っているかもしれないと慌てて向かった。こちらもオートロック式のためフロア内には入れないが一階には管理人室がある。

身元を明かした上で管理人から事情を聞いたが、やはり父親の職場は知らない。焦る気持ちを抑えながら一旦学校へ戻ろうとした矢先、管理人からマンションの自治会役員を紹介された。この役員は地域の民生委員も兼ねており、顔が広いので何か知っているかもしれないという。

すぐさま当たり、事の次第を説明すると、父親の経営する店を知っていた。村山とハルカの担任は急ぎ向かい、姉妹が登校しないこと、母親にも連絡がつかないことを告げた。その際、父親から意外なことを聞く。母子は「海外旅行に行った」、そう説明されたのだ。

到底信じられるものではなかった。子育てに熱心で、マイコやハルカを第一に考え、つらい結婚生活に耐えてきた母親が、学校に断りもなく海外旅行に行くなどとは考えられない。

「どこの国ですか？　今、連絡はつきますか？　いつごろ帰国されますか？」、そんなことを矢継ぎ早に質問した。母親から家庭の内情を明かされていただけに、抑えようと思ってもつい詰問調になってしまう。

父親は鷹揚に、別の言い方をすればのらりくらりとかわし、母子の具体的な居場所や連絡先を教えない。村山はたまりかねて責めるように言った。

「お父さん、失礼ですが、娘さんたちのことが心配じゃないんですか？　我が子が海外旅行に行くのなら、ふつうはどこの国に何日滞在して、いつ帰国する、そういうことは知ってますよね？　もしお父さんがご存じないのなら、お母さんのご実家とか、どなたか事情がわかりそうな方を教えていただけませんか」

その瞬間、父親の顔色が変わった。鋭い目をして村山を睨みつけ、一気に荒々しい口調で吐き捨てた。

「先生、おたくぎゃあぎゃあうるさいよ。一〇日かそこらで帰ってくるだろうから、騒がず静かに待ってりゃいいだろうがっ！」

凄む姿を目の当たりにして、もしかしたら母親は暴力を受けていたのかもしれない、そんな思いがふとよぎった。

†DV被害から逃れるため？

マイコとハルカの所在がわからず、母親からの連絡もないまま半月あまりが過ぎた。父親には何度か「帰国」の問い合わせをしたが、「そろそろ帰ってくると思う」などとあいまいな返答ばかりだ。この間、学校では職員会議で打開策を検討したが、容易に妙案は出てこなかった。

母親が夫の女性問題に悩み、生活費を渡されず、さらに嫌がらせまで受けていたとするなら、これはドメスティック・バイオレンス（DV）に当たる。つまり経済的、精神的暴力だ。加えて村山が懸念したような身体的暴力があったと仮定すると、「母子は父親の暴力から逃げたのではないか」という推測が成り立つ。

実際、教職員の大半はそう結論づけ、「どこかのシェルター（DV被害者の避難施設）にでも入ったんじゃないか」、「ヘタに行方を探さないほうがいい」、そんな声ばかりだった。

そもそもDV被害から逃げたとするならば、住民票を移動せず、正規の転校手続きを経なくてもいずれかの学校に就学できる。こうした特例措置は新旧の教育委員会間で情報共有されるが、被害者の安全を考慮して元の学校には知らされないことが多い。

そのため、村山の勤務校、すなわちマイコとハルカが通っていた小学校では「突然子どもが消え、今どこにいるのかわからない」となるが、実際には別の場所で学校に通っている可能性があるのだ。

姉妹は母親と一緒にDV被害から逃げてどこかの学校に通っている、それで一件落着となりかけたが、村山は釈然としなかった。父親に言われた「海外旅行」が引っかかっていた。

おそらくは咄嗟のでまかせだろう。それでも姉妹の父親、この学校の保護者だ。詳細な事情も聞かないうちから、教師たちが一方的に「DV被害」と決めつけていいものか、そんなモヤモヤが拭えない。村山は校長に直談判し、教育委員会への照会と父親との面談を願い出た。

「どこか別の学校に通っている」という期待に反し、教育委員会は姉妹に関する情報を何も持っていなかった。ただし、すなわち状況が危惧されるわけではないという。

仮に母子がシェルターに入ったのなら、「当面の身の安全」や「心身の回復」が優先される。姉妹もいきなり近くの学校に転入せず、むしろ安全確保のための外出制限や通信制限が行われることが少なくない。これは外出時に親族や友達などに連絡を取り、そこから加害者の父親に情報が漏れることを防ぐためだ。

ときにはこうした制限が数カ月つづくこともある。したがって、「今の時点で就学の確認が取れないとしても、それほど心配する必要はない」、これが教育委員会からの回答だった。

やはりDV被害から逃げ、どこかのシェルターにいるのだろう。状況が落ち着けば、新しい学校に元気に通えるに違いない。村山自身、概ね納得し、また安堵もしたが、父親からは違う情報がもたらされた。

†韓国籍の母親とともに出国した可能性

「マイコちゃんとハルカちゃん、それにお母さんがいなくなって一カ月くらい経ったときでした。校内ではもうDV被害による失踪と見られていたので、事務手続きや学用品の返却をすることになりました。給食費や校外学習用の積立金の清算、習字道具、ピアニカ、上履きとか、学校に残っていたものを返却しなくてはならない。お父さんは保護者ですし、事情聴取も兼ねて面談する段取りができました」

村山はテーブルの上で軽く両手を組んで言う。手指の先には数品の家庭料理が載った皿、繊細な味と盛り付けから、その誠実な人柄が伝わってくるようだ。私は遅めのランチをごちそうになりながら彼女の話を聞いていた。

来校した父親は、校長や村山を前に意外な事実を明かした。マイコとハルカの母親は在日外国人だという。

父親が日本人のため姉妹は日本国籍だが母親の国籍は韓国、数人の親族がかの地に住んでいる。夫婦は離婚し、母親は姉妹を連れておそらく韓国に渡った。以前、「海外旅行に行った」というのは正確ではなく、「自分としては海外に住んでいると思う」、そうあらためて説明したのだ。

加えて、自宅マンションに村山たちが押しかけ、自治会役員から個人情報を聞き出したことを「許せない」と猛抗議した。当の役員は地域の民生委員を兼ねている。本来なら守秘義務があるはずだが、どういうわけか一家の話を触れ回っているという。

「他人に家庭内の事情を知られたくない、どんな権利があって詮索するんだとお怒りになられました。お父さんの言い分はよくわかるんですけど、私たちからしたら、なにより教え子のことが心配ですからね……」

ふぅっと小さく息を吐いて、村山は困ったように目を伏せた。

「お父さんの説明を受けて、結局、姉妹とお母さんは韓国に行った、向こうで生活している、そういう結論になったんですか」

「そうですね。ともかく保護者であるお父さんがそうおっしゃる以上、信じるしかないだろうと。良くも悪くも教員というのは、人を信じやすいんですよ。人への信頼感というのは、教育の原点ですからね」

そう言いながらも、どこか含みを持ったような口調だ。

「村山さんご自身も、お父さんの言い分を信じましたか」

「いえ、正直私は不可解だな、と思いました。だってあの子たちはずっと日本で生活してきて、向こうの言葉だってしゃべれないでしょう。そもそも、いくら親族がいるからって、あのお母さんがなんにも告げずにいきなり海外に渡ってしまうでしょうか。なんというか、お父さんのお話の内容がいかにも作り物って気がして納得できなかったですね」

現在、行方がわからない児童生徒が「海外に出国した」といった情報がある場合、教育委員会を通じて東京入国管理局に「出入国記録」を照会することになっている。この照会によって、子どもがいつ、どこの国へ出国したのか裏付けられるわけだ。

だが、当時はこうした調査方法は周知されず、村山もまったく知らなかったという。父親の説明だけで、姉妹は「韓国のどこかで生活している」とされた。正確な居住地や就学が確認できなかったため居所不明児童扱いになり、それぞれの学籍は間もなく失われた。

「そんなに簡単に……、きちんとした証拠もないのに」

驚く私に、村山も二度、三度とうなずく。

「その時点でＤＶ被害の可能性も否定されたわけじゃないし、もっと別の理由、たとえば事件に巻き込まれたとか、生活苦で追い詰められているとか、いろいろ考えられますよね？　個人的には承服できませんでしたが、最終的な判断は校長の権限です。どこの世界もそうかもしれませんが、一般の教員は上の判断に従うしかない。管理職が事なかれ主義、弱腰、子どものことよりまず自己保身という場合には、どんなに真実を追求したくても動きようがないんです」

村山が体調を崩し、早期退職を選んだのは、そんな理由もあったのだろうか。だが、その問いには首を振り淡々と言う。「組織がどうとか、そういう問題じゃありません。教職に人生を賭けてきた自分に、自信がなくなってしまっただけ」と。

†警察からの協力も得られず

帰り際、駅へと送ってもらう軽自動車の中で明かされた話を加えたい。姉妹が居所不明児童扱いとなったとき、彼女とハルカの担任は学校関係者には内緒で警察に行っている。捜索を頼めないか、あるいはなんらか情報収集に協力してもらえないか相談したかった。

当時、北朝鮮による日本人拉致事件が社会問題化していた。被害者本人だけでなく、その家族も帰国し、マスコミ報道は過熱する。失踪者や行方不明者に関心が集まる今なら、警察が動いてくれるのではないかと期待した。

警察は、「必要に応じて父親から事情を聞くことはできる」、「親族である父親が捜索願を出すことができる」、「DVの通報や出動、被害届が受理されたか調べることはできる」、そんな説明はしてくれた。

とはいえ、当然ながら村山たちの一存では進められず、校長や教育委員会の承諾がいる。事なかれ主義の彼らからそれを取りつけるのは、現実的に不可能だった。

一方で警察は村山たちに対しこうも言っている。「国際結婚が破綻して、急に国外に出国したまま連絡が取れないケースは珍しくない」、「仮にDVがあったにせよ、ほかの理由にせよ、他人の個人的事情にあんまり首を突っ込まないほうが身のためですよ」

このとき村山は、温度差を痛感したという。それは校内の教職員との間にも感じたものだが、実際に子どもたちを教え、毎日教室で向き合っている担任と、他の教師たちとではやはり熱意が違う。ましてや警察はマイコとハルカの顔さえ知らず、よくあるケースとしてたいした危機感を抱かない。

むろん事件性の疑い、あきらかな証拠でも示せば別だろうが、積極的に捜索するといった感触はまるでなかった。

「当時、マイコちゃんとハルカちゃん、お母さんについては捜索願さえ出されていませんでした。その後、教育委員会からも新しい情報はないと聞かされています。DV被害から逃げたのか、それとも自分の意思で韓国に行ったのか、もっと別の理由なのか、今となっては突き止めようがない。教師なんてつくづく無力だなって思いますけど、でもとにかく元気で、いつか会える日が来てほしい、そう願うだけですね」

†九歳以下の子どもの行方不明者数は年間一〇〇〇人

警察庁生活安全局では、毎年、「行方不明者届」が提出され、警察の捜索の対象となった不明者数を公表している(二〇一〇年から「家出人↓行方不明者」、「捜索願↓行方不明者届」という名称に変更された)。

二〇一三年の一年間に行方不明者届が受理された不明者数は、全国で約八万四〇〇〇人。このうち、「九歳以下」の子どもは九四三人、「一〇歳代」が一万九八五八人で合計二万八〇一人、不明者全体の約二五%に達している。

一〇歳代の場合は、それこそ一〇代後半の少年少女の家出や非行など、当人の意思によるものが少なくないだろう。だが、九歳以下の子どもがみずからの意思で家出、失踪するとは考えられない。

事故や災害、誘拐などのケースはあるにせよ、それらは不明者全体の一部にとどまる。

ここ数年の九歳以下の不明者は、二〇一〇年・七〇五人、一一年・八九五人、一二年・一〇〇〇人。例年、九歳以下の子どもの千人近くが「行方不明者」として警察に受理されている現実をどう解釈すればいいだろうか。

少なくとも村山が警察に行った時点で、マイコとハルカにその届出はない。理由も、行先もわからないまま、姉妹の失踪からすでに一一年が過ぎている。

第三章

生と死の狭間

†横浜女児遺体遺棄事件

「横浜市郊外の雑木林」、新聞やテレビの報道は確かにそう伝えていた。だが、探し当てたその場所は整備された公園の中、遊歩道のすぐ脇だ。色鮮やかなジョギングウェアに身を包んだランナーが走り抜け、小型犬を連れた親子が楽しげに歩いていく。

私は近くの自動販売機でオレンジジュースとココア、乳飲料を買った。初老の男性が後ろに並ぶ。挨拶をして話を聞いてみた。

天気のいい日は決まって散歩に来るという男性は、「この公園を出れば住宅街だし、昼間はたくさんの人がいるけどね。夜になったらもう真っ暗、足元も見えないよ」と言う。つづけて、「大きなニュースにはなったけど、今はもうみんな関心ないんじゃないかな。近所の人が気にするくらいでしょ」と苦笑いした。

再び遊歩道に戻り、冬枯れの木立の間を一〇歩ほど進む。落ち葉の積もった土の下、六歳の女の子はここに遺棄され、九カ月もの間、埋められていた。私はオレンジジュースとココア、乳飲料を供え合掌した。

女児の名は山口あいり、小学校に入学しないまま命を絶たれた居所不明児童のひとりだ。

あいりは生後一〇カ月から五歳まで茨城県内の祖父母宅で育った。地元のお祭りでは法被《はっぴ》に鉢巻姿で盆踊りに興じ、祖父母と一緒にスーパーでお菓子を買う。そこに両親の姿はなかったが、寂しさを補えるだけの愛情に包まれ、健やかに成長していた。

母親の行恵は二三歳であいりを出産、間もなく夫と離婚する。中学時代はおとなしく目立たない少女だったが、高校生のころから不良仲間とつるむなど変わっていったという。離婚後、あいりを実家に預けた行恵は、「おカネを持っていそうな男を探すため」にインターネットの出会い系サイトを利用、知り合った男性宅を転々としていた。

二五歳で同棲相手との間に次女を儲《もう》ける。それから四年後の二〇一一年、実家に預けていたあいりを「引き取りたい」と言い出した。

事件発覚後、複数のメディア取材に対し、祖父は次のように証言している。

「あいりは実家近くの保育園に通っていました。まわりの友達にはお母さんがいるわけで、やっぱり母親を恋しがる。お母さんが一番好き、と口にするようになり、ときおり顔を見せる母親との別れ際は声を上げて泣くようになった。実の親子なのだから、やはり一緒に暮らしたほうがいいと思いました」

あらためて話を聞かせてほしいと申し入れたが、祖父は取材に応じてくれなかった。あのとき孫を手放さなければ――、深い後悔に苦しんでいるという報道があったから、それ以上は迫れない。

その一方、ある人の仲介であいりが住んでいた横浜市内のアパートを訪ねることができた。二〇一二年七月二二日、アパートの一室であいりは死亡する。当時、一緒に暮らしていたのは母親の行恵、その恋人の隆一、そして妹。あいりは母親たちから日常的に暴力を受けていたが、ついには両手を縛られたまま浴槽に沈められるなどの激しい虐待を受け、幼い命を奪われた。

アパート住民の厚意で、事件のあった一室と同じ造りだという室内を見せてもらった。若いファミリー向けの2DKの間取り、台所や洗面所、浴室をつなぐ生活動線も使いやすそうだ。

私自身、二人の息子の子育て経験がある。我が子をおぶって料理し、日に何度も洗濯機を回し、おもちゃや食べこぼしの片付けに追われた。そういう時間を経てきたから、暮らしに直結した場所には母親の勘がピンとくる。

ああ、子どもが安心して暮らせそうな部屋だ、親子で楽しく入浴できそうなお風呂だな、そう感じた。思わず涙が込み上げ、胸の奥が苦しくなる。

ここにあいりの住民票はなかった。それが悲劇の、遠因のひとつになっていた。

†出会い系サイトを使って男を渡り歩く生活

二〇一一年六月、行恵は実家から引き取ったあいりと父親違いの妹を連れ、千葉県松戸市に転入届を提出、市内で暮らしはじめる。同年一〇月、あいりは松戸市内の小学校に「次年度就学予定者」として登録され、就学時健診の通知書などが送られた。

あいりは健診にやって来ない。学校の職員が「住民登録されている住所」を訪問すると違う名前の表札がかかっていた。近隣からも話を聞いたが、そんな人は知らないと言われるばかりだ。

翌一二年四月、あいりが入学するはずだった小学校では入学式が行われる。住民票を残したまま所在がわからなくなっていたあいりは、当然姿を現さない。それまで複数回の家庭訪問をしていた学校だが、居場所については何の情報も得られていなかった。

ところが入学式の三日後、母子の転出届が出され、住民票が神奈川県秦野市に移されたことが判明した。松戸市の教育委員会では「市外転出」として、以降の調査や所在確認を打ち切る。このとき、転居先である秦野市にはあいりの一件、つまり小学校に入学せず、保護者とも連絡が取れなかったことをなんら伝えなかった。

住民票は秦野市に移動したが、このころ母子の実際の生活拠点は横浜市南区にあった。事件現場となった先のアパート、横浜市内の住宅街だ。行恵は松戸市へ転出届を出したあとの五月、「出会い系サイトで知り合ったばかりの隆一と同居した」と供述している。

行恵と隆一、あいりと妹の四人の生活がはじまって間もない七月初旬、近隣住民から横浜市の警察署に通報があった。「女の子がはだしで外を歩いて泣いている」という。駆けつけた警察官が姉妹の姿を確認し、横浜市中央児童相談所に通告した。

児童相談所では、母子の住民票が秦野市にあること、あいりが横浜市内の小学校に転入していないことを確認、同月一三日に家庭訪問している。その際、面談した行恵に住民票の移動と小学校への転入手続きを求めた。在宅していた妹には会えたが、「あいりは外出中」と言われ、目視確認することはできなかった。

このとき、あいりはすでに虐待を受けていた。児童相談所によるはじめての家庭訪問から一〇日足らずの七月二二日に死亡、遺体は前述した公園内の遊歩道脇に埋められている。皮肉なことに、あいりが虐待死した直後の二四日、児童相談所はひとつの事実を把握する。四月まで住民登録されていた松戸市、現在住民登録されている秦野市、どちらの小学校にもあいりが就学していないことだ。

小学校に通わないまま短期間に転々とする居所不明児童、当人の目視確認なし、こうした状況から「実母によるネグレクト」と判断、虐待ランクを「B（中度）」とアセスメント（評価・査定）した。

†遅すぎた介入

児童相談所の介入がはじまったのが七月、その後、翌年の四月に事件として発覚するまで九カ月もかかっている。実母のネグレクトがあると判断しながら、なぜもっと早い時点で事件性を疑わなかったのか。

一家が実質住んでいた横浜市南区の区役所、横浜市中央児童相談所は繰り返し家庭訪問、行恵や隆一の携帯電話にも連絡を取り、再三事情を聞いている。だが、「あいりは茨城県の親戚宅にいる」、「千葉県の親戚に預けた」、「もう少ししたら一家で引っ越す」などと、その説明は二転三転した。横浜市児童虐待・DV対策室では当時の対応についてこう振り返る。

「お母さんや内縁の男性とは連日のように連絡を取っていました。ご実家のある茨城県の担当部署とも連携し、親族への聞き取り調査なども行っています。あくまでもお母さんがお話しされる内容、たとえばあいりちゃんが別の場所にいる、と言われたら、まずはその確認を取るのが先です、その上で、お母さんの話には信憑性がないとなったら、また事情を聞く。最初から相手を疑って全面否定するわけにはいかないので、どうしてもある程度の時間はかかってしまいます」

二転三転する説明の裏取りに追われていた一一月、家庭訪問した区役所と児童相談所の職員は異変に気づく。一家は不在、電気メーターが動いておらず、郵便受けにはガムテープが貼られていた。アパート大家への聞き込みなどから、転居したことがわかった。

前述したように、母子の住民票はこの場所にはなく秦野市にあった。対応に当たっていた横浜市にすれば、あいりたちは公的な「市民」ではない。突然の転居に伴い、母子の住民票がいずれかに移されていたとしても、横浜市の職員が直接確認することはできない。秦野市の担当部署に連絡を入れ照会してもらう、こうした手順が必要なのだ。

一方の秦野市は、母子の住民登録があるとはいえ居住実態もなく、その暮らしぶりは把握しようがない。

両市の担当者は情報交換をしていたが、年の瀬も押し迫った一二月末、秦野市役所から横浜市の児童相談所に連絡が入った。「母親が秦野市に妊娠届を提出した」という。あいりを虐待し、冷たい土の下に埋めた行恵は、第三子を身ごもっていたのである。

その一カ月後、二〇一三年一月に今度は「出生届」が出された。届出を受理した秦野市では、「第三子を出産したのは千葉県船橋市の病院」と横浜市の児童相談所に連絡する。

行恵は隆一と別れ、あらたに出会い系サイトで知り合った船橋市の男性と同居していた。

†CA情報連絡システム

風に乗り、ときに煽られ、上下左右に漂うビニール袋。母子の一連の動きは、そんなふうだ。つかまえようと思ってもするりと手を抜け、またいずこかへ飛んでいってしまう。「住民票」という名の、みずからの存在を証明するはずの公的証書。誰もがあたりまえのように登録し、利用するものが、こうした事件では薄っぺらいビニール袋と同じように見えてくる。

船橋市の病院で第三子を出産した行恵は、その後再び行方をくらまし、携帯電話にも出なくなった。

横浜市中央児童相談所は一月末、「CA情報連絡システム」に母子の情報提供をする。

「CA」とはChild Abuse、児童虐待のことだ。CA情報連絡システムとは、居所不明となった被虐待児やその世帯に関する情報を全国の児童相談所が共有するもの。たとえば他県の児童相談所が子どもの所在や安否を把握すると、情報提供元の児童相談所に連絡が来る仕組みとなっている。

ただし、CA情報連絡システムは、いまだFAX送信という時代遅れの方法が取られている。詳細は第五章で述べるが、旧態依然とした行政システム、ネットワーク構築の不備が、居所不明や児童虐待への対応をいっそうむずかしくしている。

二〇一三年三月、行恵、あいり、妹、生まれたばかりの第三子、四人の行方がわからないことで、横浜市、秦野市、警察との連携が決定した。繰り返すが、あいりは前年七月に死亡、遺棄されている。だが警察による本格的な捜索まで、実に八カ月を要した。

一方、母親の行恵はこのころ、やはり出会い系サイトで知り合った二〇歳の男性宅にいた。警察の捜査で母子が茨城県内に住んでいることが判明、妹と生まれたばかりの第三子が保護される。

そこに、あいりの姿はない。母親の供述により遺体が発見されたのは、死亡後九カ月が経った四月二一日、その翌日、行恵と隆一は死体遺棄容疑で逮捕された。

横浜地方裁判所で行われた裁判の結果、隆一は懲役八年（罪状／傷害致死、死体遺棄）、行恵は懲役二年（罪状／暴行、死体遺棄）が確定、両者とも服役した。未決勾留分が差し引かれるため、行恵は二〇一五年中にも出所、社会復帰する予定だ。

そしてこの事件は、もうひとつの凄惨な虐待事件の発覚へとつながっていく。

†厚木市斎藤理玖君放置死事件

「一〇二号室」と表示された玄関ドアの前には、スナック菓子やジュース、ミニカー、マンガ本、それにいくつもの花束が置かれていた。色とりどりの折り紙で作られた折鶴には、〈天国で楽しく遊んでね〉、そんなメッセージが書かれている。

八年間、一度も開けられなかった扉に手を当てて、私は体の震えを抑えられなかった。これまで、「残虐」や「冷酷」という形容詞のつく児童虐待を何度も取材してきたが、そんな経験をもってしても胸が張り裂けそうだ。

神奈川県厚木市郊外、レモンイエローの明るい外壁のアパート前は、近くの小中学校の通学路だという。自転車に乗った親子連れ、ショッピングカートを引く老婦人、デリバリーピザの配達バイク、スマホを操作する制服姿の女子高生、ごく平凡な日常が通り抜けていく。

そんな光景を目にすることなく、雨戸が閉め切られ、電気もつかない暗い部屋、男の子はひとり餓死した。男児の名前は斎藤理玖《さいとうりく》、死亡推定時期は二〇〇六年一〇月から翌年一月ころとされている。

当時五歳だった理玖が白骨化した遺体となって発見されたのは、死亡後八年近くが過ぎた二〇一四年五月三〇日。奇しくも誕生日、生きていれば一三歳になる日だ。

このアパートで暮らしはじめた二〇〇一年、一家は父親の幸裕と母親、生まれたばかりの理玖の三人だった。両親はその前年、二三歳と一九歳で結婚している。

三年後、「夫のDVに悩んでいた」という母親が家出、三歳だった理玖と父親との二人暮らしがはじまった。トラック運転手をする父親は不規則な勤務形態ながら、当初はできる限りの子育てをしていたという。だが、早朝や夜間シフトのある仕事との両立はむずかしく、さらに恋人ができたことで次第に帰宅しなくなる。

逮捕後には、「週に一、二度、コンビニ弁当や菓子パン、ジュースなどを置いていた。だんだん衰弱していく子どもを見るのが怖くなり、家に放置した」と供述、最後に理玖を見たときには、ガリガリに痩せて立つこともできなくなっていたという。

我が子を放置した室内は料金滞納によってガスや電気が止められ、雨戸は固く閉ざされていた。わずか五歳の理玖は、真っ暗な空間で無残な死を遂げる。

†なぜ八年間も発見されなかったのか

父親の幸裕が逮捕されたのは、理玖が白骨遺体で発見された翌日の五月三一日。保護責任者遺棄致死容疑だったが、のちに殺人罪で追起訴されている。

本書を執筆している時点で、幸裕の裁判日程はまだ決まっていない。今後、公判が開始され、事件に至る過程や父親としての心情、放置された理玖の様子などがあきらかになっていくだろう。

したがって現時点では詳細な事件経過に触れないが、取材を通じてあきらかになった問題点を取り上げたい。それは、なぜ理玖が八年近くもの間、誰にも発見されなかったのかということだ。

五歳で死亡した理玖の住民票は、事件現場となった厚木市内のアパートにあった。厚木市教育委員会からは、市内小学校への就学通知書が送られている。つまり、「小学校に入学する子ども」と見なされていた。

にもかかわらず、理玖は小学校にも、中学校にも一度も姿を現していない。本来、学校に通うはずの子どもが「いない」というのに、この問題が放置されつづけた背景には何があるのだろうか。取材によって浮かび上がった行政や児童相談所、教育委員会の動きを時系列で追ってみよう。

二〇〇四年一〇月七日早朝、「Tシャツ一枚、紙オムツ、はだしで震えていた」男児を通行人が発見、地元警察に保護される。発見時、「氏名・年齢不詳」だった理玖について警察は厚木児童相談所に通告、児童相談所は翌八日に実母と面会する。このとき実母から「夫のDVに悩んでいる」という話を聞いている。

また、実母の説明によって理玖が三歳四カ月であることが判明、乳幼児健診や予防接種記録にも問題が見られなかったため「養護ケース（迷子）」として受理された。

ちなみに児童相談所がこうした問題の対応に当たる際、「相談種別」の区分けが行われる。相談種別には、「養護相談（児童虐待、養育困難児、迷子、養子縁組等）」、「保健相談（未熟児、虚弱児、疾患等）」、「障害相談（心身障害、知的障害等）」、「非行相談（非行、触法行為等）」などがある。

理玖の場合は「養護ケース」となったが、これはさらに「児童虐待相談」と「その他の相談（迷子、親の病気による養育困難等）」に区分される。三歳四カ月で児童相談所と接点を持ったとき、「児童虐待」ではなく「迷子」として受理されたことは悲劇の発端のひとつだが、その問題点については後述する。

二〇〇七年一〇月、厚木市教育委員会が住民登録上の住所（理玖が死亡したアパート）に就学時健診通知を発送、一二月には就学通知書を送っている。

二〇〇八年四月、理玖が入学式に現れず、保護者からも一切の連絡がない状況を踏まえ、教育委員会が児童相談所に家族状況を確認、「不就学」であることを伝える。小学校では入学式前後に三回の家庭訪問を実施したが、雨戸が閉まり、電気メーターが動いておらず、応答もないため不在と判断している。

その際、小学校から報告を受けた教育委員会では「アパートに居住実態がない」ことを児童相談所に連絡したという。だが、一方の児童相談所にはその記録が残っていない。

二〇〇八年一二月、理玖が「迷子」として受理された三歳四カ月のときから四年が経過、児童相談所は一家の戸籍照会をする。両親は離婚しておらず、住民票も移転していないことがわかったが、この間の生活実態が不明だったためようやく家庭訪問を実施した。

小学校での確認時と同様、自宅は雨戸が閉まり、電気メーターが動いておらず、郵便ポストには古いチラシが溜まっている状態だった。児童相談所は、「一家で転居したか、またはＤＶによって母子で避難した」と推測する。

ＣＡ情報連絡システムで一家の情報提供を求めたが、一切の情報が得られないまま以降の対応を事実上打ち切った。

二〇〇九年四月、生きていれば小学二年生に進級するはずの理玖は「一年以上居所不明者」となり、教育委員会によって学籍を抹消されている。

†児相の緊急調査対象から漏れる

住民登録上の住所に居住せず、学校にも姿を現さない。学校や教育委員会は居所不明児童扱いとし、一方の児童相談所は一家で転居したか、ＤＶ被害から母子で避難したと考えて対応しない。

実質放置されたままさらに四年が経過した二〇一三年五月、神奈川県が県内の児童相談所に通知を出した。『支援を行っている児童の一斉点検について』、これは前述した山口あいりの事件発覚を受け、緊急調査を要請したものである。

あいりが住民登録上の住所に居住せず、学校にも就学しないまま虐待死したことは「重篤虐待事案」として問題視された。とりわけ、横浜市中央児童相談所が「実母によるネグレクト」と判断、虐待ランクを「B（中程度）」としていたにもかかわらず、転々とする母子の所在を確認できなかったことは憂慮された。

所管である神奈川県は、あいりと同様のケース、すなわち住民登録上の住所に居住せず、学校にも通っていない子どもについて緊急調査を実施するよう求めたのだ。

当然、理玖はこのケースに該当する。ところが、リストアップされなかった。

三歳四ヵ月のとき、厚木児童相談所で「迷子」として受理されていた理玖は、先の相談種別の「児童虐待」に入っていなかった。長期間の居所不明、不就学であることは把握されていたはずだが、その存在確認はまったく無視された。

こうした点について、厚木児童相談所は次のように釈明する。

「相談種別が児童虐待であれば、年に二回のケース点検が実施されることになっていました。本件は迷子ケースとして受理されていた上に継続した調査が行われず、担当者も数年ごとに変わっていました。現場の職員は次々と寄せられる緊急事案対応に追われ、所内での情報共有もなく、そこまでの危機意識を持てませんでした」

三歳四ヵ月だった理玖が「迷子」として受理され、凄惨な児童虐待事件として発覚するまでの約九年、児童相談所の担当者は五回も替わっている。五回目の担当者変更は二〇一四年四月一日。理玖が白骨化遺体となって発見される二カ月前だ。

前年五月に実施された緊急調査ではリストアップされなかった理玖のケースが浮上したのは、五回目の担当者変更の直前、三月半ばである。児童相談所のキャビネットの奥深く眠っていた理玖のファイルは、商店で言うところの棚卸しのような作業で見つかっている。

神奈川県では二〇一四年四月一日付で平塚児童相談所を設置、これに伴って各地の児童相談所の所轄地域が変更された。厚木児童相談所でも所轄地域が一部変わることになり、加えて担当者も交代することで、所内のケースの一斉点検が行われた。この点検で、理玖のケースが前年の緊急調査から「漏れていた」ことが判明したのだ。

三歳四カ月で接点を持って以来、九年以上の時間を経て、理玖に関する本格的な調査はようやくはじまった。

†「消えたまま」でも公的書類から「消される」

重篤虐待事案とされた山口あいりの虐待死事件は、理玖が通うはずだった小学校、教育委員会にあらたな動きをもたらした。入学予定だった小学校に就学せず、居所不明児童だったあいりのケースは、教育現場にも大きな危機感を与えたのだ。

理玖もまた小学校に一度も登校せず、その所在は一切確認できていない。すでに学籍が抹消され、「簿冊」管理のまま六年近くが経過、言い換えれば、書類上小学六年生の居所不明児童である。

危機感を持った教育委員会は、二〇一三年五月から一〇月にかけて六回の家庭訪問を実施した。むろんアパートは相変わらず、居住実態のかけらも見当たらない。同年一二月、父親の勤務先を調べ面会にこぎつけた。

その際、父親の幸裕は「理玖は八年前から母親と一緒に東京に住んでいる。具体的な住所は知らない」と答えている。

この接触時点で、理玖の住民票は前出のアパートにあった。ところが、教育委員会の動きを恐れた幸裕は市役所に出向き、「理玖の住民票を抹消」するよう申し入れる。

二〇一四年三月、ちょうど児童相談所の一斉ケース点検が行われたころ、理玖の住民票は消除された。さらに住民票がなくなったことで、居所不明児童として登録されていた教育委員会の簿冊からも抹消されている。

居所不明問題を追う中で痛感することだが、なぜこうもたやすく公的書類から子どもが消されていくのだろう。むろん法的な規定があるわけで、「消す側」からすればあくまでもルールに則って対応した、そんな話になるのだろう。

それでも、たとえば行政職員が、住民票を消除する前に児童相談所に一本の電話を入れることはできないのだろうか。あるいは教育委員会が、理玖を簿冊から抹消するにあたり、児童相談所に「父親の申し入れで住民票が消除された」などの情報を送ることはできなかったのか。

さらに言えば、第一章でも指摘したように、理玖は「消えたまま」にもかかわらず、居所不明児童として計上されなくなった。以降、文部科学省の学校基本調査ではカウントされないが、それは「見つかった」のではなく、実際には所在不明、生きているのか死んでいるのかもわからないまま、単に数字として計上されなくなったということだ。

こうした事実からも、調査から漏れ、危機的状況に陥ったまま放置される居所不明児童、その闇の一端が垣間見える。

†家族や親族の無関心さ

一方の児童相談所では、担当者変更後の四月一五日、理玖についての援助方針会議を開いた。相談種別を「迷子」から「児童虐待（ネグレクト）」に変更、親族や学校への聞き取り調査が実施される。

理玖には同じ神奈川県内に住む父方、母方、両方の祖父母がいた。四人の祖父母はそれぞれ、「二、三歳のころから一度も会っていない」、「居場所を知らない」、「縁を切ったような関係」などと言い、理玖や一家の情報を何も持っていなかった。

酷かもしれないが、私はこうした希薄さもまた、理玖を無残な死に追いやった遠因ではないかと思えてならない。「夫のDVに悩んで家出した」という母親しかり、「二、三歳のころから一度も会っていない」という祖父母しかり、なぜ理玖の成長にわずかでも関わらなかったのだろうか。

関わりたくないような事情があったにせよ、たとえば母親なら「暴力をふるう夫のもとに我が子を残してきた。心配なので様子を見てもらえないか」と誰かに頼めなかったのか。DV被害者の心的トラウマは多少なりとも理解しているつもりだが、たとえ一度でもいい、役所や学校に我が子のその後を尋ねることはできなかったのだろうか。

四人の祖父母にしても、孫である理玖の小学校入学、進級、そんな折々に電話の一本もかけられなかったのだろうか。

これもまた取材経験を通じて痛感することだが、直接の加害者が罪を負うのは当然としても、ほかの家族や親族が幼い命を守るために何もしなかった、ここがどうにも引っかかる。

言うまでもなく、理玖を亡くした母親や祖父母は「被害者の家族」だ。今後予定される裁判は、もしかしたら検察側の証人として「父親には極刑を求めます」などと言うかもしれない。それは当然の心情であり、権利に違いない。

それでもなお引っかかるのは、かつて私が取材したいくつかの児童虐待裁判での苦い思いがあるからだろうか。

ある裁判では、浮気三昧で妻に生活費さえ渡さず、離婚後には我が子の養育費を払うどころかカネを無心していた父親が、子どもを虐待死させた元妻をこう糾弾した。

「自分と別れても、ちゃんと子育てしてくれると思ったのに、こんなに酷い形で子どもを殺されました。元妻は鬼畜です。殺人鬼です。絶対死刑になるべきです。私は元妻が刑務所を出て社会に戻ってくるようなことは絶対許しません。見つけたらタダじゃおきません。必ず死刑にしてください」

何もしなかった人は、何もしなかったからこそ罪とは遠い場所にいる。そうして、実際に罪を犯した人を責め、殺された我が子を思って憎しみを露わにする。

むろん何もできなかったという苦しみ、計り知れない悲しみはあるだろう。だが、傍聴席の私は、こうした糾弾に思わず耳をふさぎたくなってしまう。

二〇一四年五月、親族調査でも理玖の行方がつかめず、さらに教育委員会への聞き取りで「住民票が消除された」ことを知った児童相談所は、警察への捜索願を検討する。

五月二二日、捜索願が出され、警察が父親への事情聴取を開始。それから八日後の五月三〇日、およそ八年ぶりにアパートのドアが開けられた。

ペットボトル、コンビニ弁当の容器、菓子袋、汚れた紙オムツ……、四トントラック二台分ものゴミに埋もれた理玖の白骨遺体が発見された。

†北九州連続監禁殺人事件

理玖の事件発覚は、あいりの虐待死によって実施された緊急調査がきっかけである。前述したように、当初は「漏れていた」ケースだが、それでも緊急調査自体がなければ果たして発覚しただろうか。

ひとりの居所不明児童の無残な死によって、また別の居所不明児童の死があきらかになる。その酷さは言うまでもないが、それでもかろうじて付け加えれば、二人の子どもは「遺体が発見された」という点では、わずかながらも弔いとなるだろう。

一方には、居所不明のまま死亡、遺棄され、一片の骨のかけらさえ見つからない子どもたちがいるからだ。

「北九州連続監禁殺人事件」と聞いて、ああ、と思い当たる人も多いだろう。二〇〇二年の発覚時、犯罪史上類を見ない連続殺人として世間を驚愕させた。あまりの残虐さに、テレビや新聞など大手メディアは詳細な報道を自粛したと言われている。

インターネット上には事件関連の情報が散見されるが、ここでは『消された一家〜北九州・連続監禁殺人事件』(豊田正義著・新潮社刊)を参考にその経緯を追ってみたい。

死刑が確定した主犯格の男・M男は、まずひとりの男性とその娘をマンション内に監禁した。男性から多額のカネを巻き上げ、食事や排泄を徹底的に制限して奴隷のように服従させる。数々の暴行を尽くし「廃人」のようにした挙句、衰弱死させた。

被害男性の遺体はバラバラに解体され海に遺棄されたが、残された娘は、M男やその後に監禁される一家の「世話係」を命じられる。結果的にこの少女の逃亡、証言によって事件が発覚したのだが、そこに至るまではまさに地獄絵図だった。

先の男性の死亡後、M男の内縁の妻だったJ子の家族が狙われる。J子の父親と母親、妹とその夫、さらに妹の子どもである女児と男児だ。

一九九七年、子どもたちは祖父母、両親と一緒に福岡県久留米市に住んでいた。ここで言う祖父母とはJ子の父親と母親、両親がJ子の妹とその夫。つまり子どもたちはJ子の姪と甥にあたる。

祖父は旧家の跡取りで、地域の役員をするなど信頼の厚い人物。元警察官の父親はまじめで正義感が強い。母親は会社勤務のかたわら家事や子育てをこなしていた。どこにでもいる平凡な一家はM男の狡猾な犯罪計画に巻き込まれ、久留米市の自宅から北九州市小倉のマンションに繰り返し呼びつけられるようになる。

M男は一家を「カネづる」とし、徹底的な支配下に置くためにあることを考えつく。子どもたちを人質にするというものだ。

当時、女児は九歳で久留米市内の小学生、男児は四歳で保育園に通っていた。子どもたちの夏休みを利用し小倉のマンションに滞在させたM男は、巧妙な手口で父親をコントロール、二児を久留米に戻さなかった。

父親は、娘が通っていた小学校には転校願を、息子の保育園には退園届を出し、さらに一家の住民票を熊本県玉名市に移動する。

住民票の移動に伴い玉名市内のアパートを賃貸契約、「引っ越したように見せかけた」が、一家が住んだ形跡はない。前述したように、そのころ子どもたちは小倉のマンション内で人質になっていた。

久留米市の小学校から転校したが、新しい小学校には転入しない。あるいは玉名市に住民票があるにもかかわらず、居住実態も就学手続きもない。このとき女児は、居所不明児童のひとりだった。

†女児と男児の失踪はなぜ事件化しなかったのか

一家はM男の支配下に置かれ、拷問とも言うべき凄惨な暴行を受けつづける。子どもたちが人質となってから四カ月後、一九九七年一二月に祖父が亡くなり、残された家族は遺体をバラバラに解体することになった。

このときM男は一〇歳になったばかりの女児にも解体を命じ、実行させている。遺体は細かく切断され、大なべで煮込まれ、ミキサーにかけてペットボトルに詰められた。最終的に海やトイレに流すためだ。

翌九八年一月、今度は祖母が殺され、つづいて母親が死んだ。母親の首を電気コードで絞めたのは父親、女児は足を押さえて手伝っている。むろんM男の残虐な支配の下、極限状態にあればこその結果に過ぎない。祖母と母親の遺体も、祖父と同様の末路を辿った。

連日連夜の激しい暴行、食事や排泄、行動制限を受けていた父親が死んだのは、母親の死からおよそ二カ月後だ。女児は父親の遺体を解体させられた。

ここに至って、監禁された一家のおとなはすべて死亡した。残された女児と男児、とりわけ一〇歳の女児はいっそう激しい虐待にさらされる。五歳になった弟を殺すよう命じられ実行しているが、このとき「お母さんのところに連れていってあげるね」と言ったという。

ガリガリに痩せ、全身傷だらけの女児の死はそれから間もなくだった。遺体はほかの家族と同様、跡形もなく消されている。

あまりに凄惨な事件をあえて取り上げたのは、被害者の中に幼気《いたいけ》な子どもたちがいたからである。最初の被害者となった男性の娘、つまり世話役を命じられてのちに逃亡した少女もそうだが、無残に殺された女児と男児、この子らの失踪は当時なぜ事件化しなかったのだろう。

†姿を消した子どもを救い出す努力を

先の豊田氏の著書によると、実際には一家の親戚や関係者が相当な努力をしている。久留米市の警察に情報提供し、一家が住んでいた自宅に警察官が張り込んだこともあった。だが、M男に服従を強いられていた一家は警察官に嘘を言い、親戚に宛てて偽りの手紙を出していた。あくまでも「自主的な失踪」と見なされるような演出が行われていたわけだ。

前述した熊本県玉名市での住民登録も同様である。アパートの賃貸契約までして、引っ越したように見せかけたことも、M男の指示によるものだった。

こうした状況を踏まえると、一家の失踪がすぐに事件化しなかったのは無理からぬことかもしれない。それでも、巧妙に仕組まれた失踪の背景に凄惨な現実があること、その点はしっかりと考えたい。

少なくとも居所不明という問題で言えば、教育現場や児童福祉関係者への取材でしばしば出る言葉――「学校に来なくてもどこかで元気に暮らしているだろう」、「親がついているのだから、それほど心配しなくても大丈夫だ」、「事件になることなんてめったにない」、そんな楽観を私は看過できない。

極めて凄惨に、跡形もなく存在を消される子どもたちが現にいる以上、その命に対し、もっと真摯であってほしい。

ずっとあとになってから、「まさか死んでいるとは思わなかった」、「あのときもう少し踏み込んだ対応をしていれば」、そんな釈明をもう繰り返さないでほしい。

姿を消した子どもたちが生と死の狭間にあるとするなら、何を置いても救い出す努力をすべきだろう。あるいはどこかで暮らしていたとしても、第一章で亮太が語った言葉、「僕のような存在を作ってはいけない」、その切なる願いを受け止めるのは私たちおとなの責務にほかならない。

†居所不明の記録を辿って

女児がマンションに監禁されたのち、居所不明児童となったのは一九九七年。正確に言えば、それから一年後の一九九八年に学校基本調査の「一年以上居所不明者」として計上される。所在がわからなくなって「一年以上」が過ぎないと、調査対象にはならないからだ。だが、実際には一年を経ずして、一〇歳の女の子は殺されている。

女児の住民票が移動した熊本県玉名市教育委員会に、当時の居所不明者記録について尋ねた。対応した職員は申し訳なさそうに、「なにぶん古い記録なので、もう残っていないんです」と言う。

学校基本調査は市町村ごとの集計が都道府県へと上げられるので、今度は熊本県教育委員会に同様の問い合わせをした。だが、熊本県でもすでに処分されており、女児の記録はないという。

唯一、文部科学省には居所不明者の全国集計結果が残っている。ここに女児が含まれていたかどうか今となっては辿りようがないが、一九九八年の「一年以上居所不明者数」は三二五人。小学生・二三六人、中学生・八九人だった。

女児の手によって命を絶たれた五歳の弟は、義務教育前の未就学児。

同様に監禁され、「世話役」を命じられていた少女は、義務教育修了後の当時一七歳。

二人の被害者は、この集計にすら入っていない。

第四章

つながれない親たち

†娘の衰弱を放置した両親

二〇一三年六月、名古屋地方裁判所岡崎支部三〇二号法廷で行われた裁判員裁判は、七日の初公判から一七日の判決まで、日を置いて四回開かれた。私は東京と名古屋を新幹線で往復し、一般傍聴席の片隅ですべての公判を見届けた。

刑務官に付き添われ、二人の被告人が入廷する。杉原修（仮名）と杉原美津子（仮名）、四九歳と三九歳の夫婦だ。短髪を七三分けにし、一見サラリーマン風の修。ほっそりした小柄な体をスウェット素材のジャケットで包んだ美津子。二人は互いに目を合わすことなく、一メートルほどの間隔をあけて被告人席に着く。判決までの間、被告となった夫婦が顔を見合わせることは一度もなかった。

修と美津子は、四歳の長女・香奈（仮名）を衰弱死させたとして保護責任者遺棄致死罪で起訴された。裁判は香奈が死に至る経緯、夫婦の取った行動、その結果としての罪が問われるものだ。

公判では、夫婦がいかに香奈を衰弱死させたか、その虐待状況が子細に明かされた。当時の取材ノートや傍聴時の記録メモ、メディア報道から、まずはこの虐待事件の概要をまとめてみたい。

二〇一二年九月二〇日、愛知県M市の消防署に救急要請が入った。市内のアパートに駆けつけた救急隊員が呼吸をしていない香奈を発見、病院搬送後に死亡が確認された。

公判初日、救急搬送された香奈を診察した医師が証人出廷し、その身体状況を次のように語っている。

「三〇分以上、蘇生処置をしましたが回復しませんでした。搬送時の体重は七・四キロしかなく、これは四歳児の平均体重である約一七キロの半分以下です。長期間にわたり、極めて低栄養の状況下に置かれたと思われるのは、肋骨がくる病念珠を呈していた（肋骨に数珠状の腫れができ変形すること）からです。これは私自身、医学書でしか見たことがないほどの低栄養状態です。胃の内容物はまったくなく、脳のCTスキャンでは脳萎縮が見られました。微量ながら採取できた血液検査の結果、ヘモグロビン、血糖値、カルシウム値などはすべて正常値の半分から三分の一以下でした」

医学的な所見だから淡々と聞こえるが、証拠として香奈の遺体写真を見せられた裁判員は瞬時に顔色を変えた。直視できないのか目を覆う女性裁判員もいて、衝撃の強さが伝わってくる。

無残な遺体となるまでのおよそ九ヵ月、香奈は満足な食事を与えられていなかった。次第に衰弱して立てなくなり、薄い布団の上で寝たきりとなる。修と美津子は「ご飯を食べてくれないので、ジュースや菓子を与えていた」と語っているが、やがてわずかな食べ物さえ受けつけなくなった。

検察側から「元気に歩いていたはずの子どもがみるみる痩せ、衰弱していく。それを目の前にしてなぜ病院に連れていかなかったんですか」と問われた二人は、それぞれこう証言している。

修「夜勤もある交替制の勤務で仕事が忙しく、明日になったら(病院に連れていこう)、と先送りしていました。そのうち香奈の衰弱が進んで、こういう状態で連れていったら虐待したと疑われるんじゃないかと怖くなりました。私は、香奈には少しでも食べさせようと努力していたし、自分が虐待をしているとは思ってもみなかったです」

美津子「病院に連れていかなくてはと思いましたが、おカネがかかるので。おカネのことを話題にすると主人の機嫌が悪くなり、言い出せませんでした。ずっと家に閉じこもった生活で、自分ひとりでは何もできないと思っていました。今からすれば、自分のことばかり考えていて弱かった。香奈を守ってやれなかったことを反省しています」

父親は「仕事の忙しさ」を口にし、一方の母親は「おカネがかかる」ことを理由に挙げた。修は大手機械メーカーの派遣社員をするかたわら、運転代行や飲食店アルバイトなどを兼務、仕事の掛け持ちで一ヵ月に二五万円ほどの収入を得ていた。自家用車を持ち、酒代とたばこ代で月に三万円以上使っていたこともあきらかになっている。

そもそも夫婦が住んでいた愛知県M市には、小学六年生以下の子どもの通院費や入院費が無料になる制度があった。市が公布する「子ども医療費受給者証」を提示すれば、無料で治療を受けられる。夫婦はともに「制度のことは知っていた」と言い、検察側から「それを利用すれば、いつでも無料で治療が受けられるはずですね」、そう追及されると答えに窮した。

香奈の司法解剖を担当した法医学の医師は、脳、心臓、肝臓、脾臓、腎臓など主要臓器の萎縮、とりわけ胸腺に見られる顕著な萎縮は被虐待児の特徴的所見だと証言した。これらの特徴は、「相当な長期間、飢餓状態にあったことを示すもの」だという。

当初、「香奈を衰弱死させた覚えはない」と起訴内容を一部否認していた修は、数々の証拠を前にして「自分のせいで、未来ある娘の命を奪ってしまった」と罪を認めた。

検察側は二人に懲役六年を求刑、裁判長は求刑通りの判決を言い渡した。修と美津子は控訴せず懲役六年が確定、服役中だ。

†妹の死によって発見された七歳男児

香奈の死と被告人夫婦の裁判は、数ある児童虐待事件の中でほとんど注目を集めなかった。報道は地元の新聞社やテレビ局が中心で、大手メディアでは簡潔に扱われただけだ。

だが、この事件にはもうひとつの事実がある。それは香奈の兄、事件発覚時七歳だった智和（仮名）の存在だ。

七歳、つまり小学一年生にもかかわらず、智和は学校に行っていなかった。入学式にも姿を現さず、小学校が「住民登録上の住所」を家庭訪問しても居住実態がない。

それどころか生まれてからの七年間、外部と接触しないまま、1Kのアパート内に閉じ込められていた。

妹の香奈が衰弱死した家で、智和はどう過ごしていたのか。発見時、「オムツをつけ、標準よりあきらかに体が小さく、言葉は不明瞭でうまく話せない」という記録がある。また、口唇裂という先天的な障害があり、手術が必要な状態だった。

妹の死、両親の逮捕を受けて、智和は愛知県内の児童相談所に保護された。ただし、児童相談所には保護児童についての守秘義務があり、当然ながら現況に関する取材には応じてもらえない。

香奈の虐待死裁判でも智和のことはほとんど触れられなかったが、別の方法で生活状況の一部を辿ることができた。なお、智和のプライバシーに配慮し、居住地や関係者については仮名扱いとする。

智和が誕生したのは二〇〇五年七月。当時三二歳だった美津子は、「飛び込み出産」でM市の病院を緊急受診、間もなく智和を産んでいる。飛び込み出産とは、妊娠中の検診や母子手帳の交付などを受けることなく、出産間際になって突然病院に駆け込むことだ。

このとき美津子はM市に住民登録がなく、健康保険証も持っていなかった。出産費用や入院費も支払えず、病院側に一旦借用する形になる。異例な経緯から、病院では市の子ども保健課に連絡した。

退院前、担当保健師が美津子に面談、住民登録と健康保険の加入を求めた。住民登録がなければ、出産費用の補助はおろか、乳幼児健診や予防接種の案内、児童手当などの支給もできない。まして智和には先天的な障害があり、すぐにも医療とつながる必要がある。

美津子は「すぐにやります」と答えたが一向に手続きがなく、借用金の支払いも行われなかった。

保健師は、入院時に美津子が書いた「住所」をもとに再三家庭訪問したが、結局会えずじまいだった。住民登録も健康保険もない母親が、医療費を滞納したまま連絡がつかない。それだけでも今後の子育てに十分不安を感じるはずだが、その後も具体的な対応を取らなかった。

当時の保健師の対応についてM市の子ども保健課に話を聞くと、「すでに記録が処分されているため、詳細な経緯はわかりません」との回答だった。

「母親に住民票がなく、無保険の飛び込み出産、さらにお子さんには障害がありましたから、リスクが高いという認識は持っていたと思います。ただ、家庭訪問しても会えない、電話連絡もつかない状況で、母親からの接触を待つしかないと考えた可能性はあります。今から思えば、保健師が退院時の母親に同行して、実際の居住地を確認するなどの方法を取ればよかったかもしれません」

M市にすれば、住民登録のない美津子は公的な「市民」ではない。無保険の飛び込み出産という母親に、どこまで踏み込んだ対応ができるかむずかしい部分はあるだろう。

だが、このときすでに別のリスクが生じていた。生まれた智和は、出生届さえ出されていなかったのだ。

†出生届が出されたのは二年七カ月後

二年半後の二〇〇八年二月、父親の修がM市役所の市民課窓口に現れた。「妻の妊娠届を出したい」と言う。美津子はこのとき妊娠七ヵ月、のちに衰弱死させた香奈を身ごもっていた。

当時、修と美津子は内縁関係の上、前述したように智和の出生届さえ出していなかった。市民課では「妊娠届」を受理する一方、智和の出生届、また智和と美津子の住民登録を修に求める。修が智和の出生届を出したのは二月末、誕生から二年七ヵ月後のことだ。

同年四月、修と美津子は入籍し正式な夫婦となる。ほどなく香奈が誕生し、二週間後に出生届が出された。これで一家は、父親と母親、智和と香奈の四人、正式にM市の住民になった。

ところが、乳幼児健診や予防接種の案内を出しても子どもたちはまったくやってこない。あらたに担当となった保健師が家庭訪問するが、何度訪ねても母親や子どもたちに会えないままだった。

一方、父親の修は市役所の窓口に出向き、勤務先から発行された所得証明書を提示してM市の「子ども医療費受給者証」と児童手当を申請する。前述したように子ども医療費受給者証は小学六年生以下の医療費が無料になるM市独自の制度、児童手当は世帯の所得や子どもの年齢に応じて毎月既定の額が支給されるものだ。

子ども二人分の児童手当は年間三〇万円ほどになったが、修はこれを「遊興費に使った」と供述している。

香奈の誕生後、半年ほどで一家はM市内の別のアパートに転居した。虐待の現場となった1Kのアパートだが、この際、住民票を移動していない。子どもたちの健診や予防接種、選挙の投票用紙など行政上の各種通知は住民登録上の住所に送られていたが、すでにそこには住んでいなかった。

にもかかわらず、M市の子ども医療費受給者証と児童手当は毎年更新され、支給がつづいていた。修が必要書類をそろえ、市役所の「窓口」で手続きをしていたため、申請が受理されていたのだ。

二人の子どもの健診未受診、生育状況が確認できないという情報は、子ども保健課が把握していた。一方、児童手当などの支給は子育て支援課が行う。同じ行政内で情報交換がなされず、それぞれ別の対応が取られていた。

行政内での情報共有、連携の不備はその後もつづく。二〇一一年一〇月、智和の就学時健診と香奈の三歳児健診の案内がほぼ同時に発送された。智和の就学時健診の案内は教育委員会から、そして香奈の三歳児健診は子ども保健課からだ。送付元は違うが、送付先は同じ、住民登録がある以前のアパートだった。

智和が就学時健診に現れないため、入学予定の小学校では三回の家庭訪問を実施している。「住民登録上の住所」であるアパートは、電気メーターが回っておらず、雨戸が閉め切られ、居住実態がないと判断された。同様の動きは、香奈の三歳児健診を通知した子ども保健課でも行われ、やはり居住実態がないとされた。

一方、この間にも子ども二人分の児童手当は滞りなく更新され、銀行振込によって支給されている。

二〇一二年四月、智和が入学する予定だった小学校で入学式が行われた。当人も保護者も現れず、どこに住んでいるのか一切確認できない。

当時、智和のように所在がわからないまま不就学状態に陥っている子ども、つまり居所不明児童の問題が浮上しはじめていた。文部科学省では、居所不明児童問題への対策として、全国の教育委員会に関係機関との連携を通知していた。ところが、M市教育委員会では「経過観察」として、智和の情報を児童相談所や市の担当部署に伝えることはなかった。

なぜ経過観察としたのか、M市教育委員会ではこう釈明する。

「就学時健診は義務ではなく、例年一〇〇人ほどの未受診者が出ます。そういうご家庭には、家庭訪問などをして就学の意思や生活状況を確認しています。当時、最終的に所在確認ができず、就学届が出されない入学予定者は智和君だけでした。ただ、どこか別の地域で就学している可能性がある、ほかの教育委員会から連絡が来るのを待ってみよう、こうした判断により経過観察としたわけです」

同じころ、妹の香奈はほとんど食事を与えられなくなり、衰弱の一途を辿っていた。智和が就学しない、居所不明というタイミングで行政内の情報交換が行われていれば、おそらく子どもたちを救い出す方法はあっただろう。そもそも父親の修は、市役所の「窓口」に現れて児童手当を更新している。その際の必要書類には勤務先などの情報が記載されていた。

だが、二人の子どもの所在確認は実質的に放置されたまま、さらに五カ月が経過する。司法解剖した医師が「相当な長期間、飢餓状態」という日々の末、香奈の命は奪われた。

†「ごくふつうの父親」と元准看護師の母親

無保険の飛び込み出産、出生届さえ出されない智和、外部との接触を断たれ衰弱していく香奈、こうした経緯から浮かび上がるのは、あまりに無責任で非情な親の姿だ。

一方、父親の修は派遣社員とはいえ大手機械メーカーに勤務し、職場の同僚とも親しくつきあっていた。事件発覚の五日前には友人と居酒屋で会食し、二人の子どもについて「ちょうど妻が風呂に入れている時間だ」などと話題にしている。元気に歩いていたころの香奈の写真を携帯電話に保存し、いかにも子煩悩な顔で周囲に見せたこともある。

同僚や友人からは、「ごくふつうの父親」と見られていた修だが、公判中にも自分の正当性を主張する場面が何度かあった。

「子どもに暴力をふるったことは一度もありませんし、香奈の食が細くなってからもなんとか食べさせようと努力していました。自分は（仕事を掛け持ちして）忙しかったけれど、妻や子どもを養うために一生懸命働いてきました。子どものオムツを替えたり、風呂に入れたり、子育てにも協力していたと思います」

こうした言葉と、実際の虐待行為との乖離《かいり》をどう考えればいいのだろうか。傍聴していた私は思わず首を傾げたが、法廷内には同じような動作で困惑を表す人がいた。妻の美津子だ。

自分の正当性を主張する修に対し、美津子は何度も首を傾げたり、左右に小さく振ったりしていた。裁判員のひとりから、「夫の証言についてどう思うか」と問われた彼女は、こう話している。

「私からすると、間違っていると思う部分があります。夫の言葉を聞いて、亡くなった香奈がどう思うだろうかと考えると、そういうことを言っていいんだろうかと。自分は正しかったというような言い分を聞いて、がっかりしました」

言葉の端々に、夫の証言は嘘だと匂わす美津子を、修は驚いたような顔で見つめた。それでも彼女は決して目を合わそうとせず、手にしたハンカチを握りしめてうつむくだけだ。

事件の経緯だけを辿れば、夫婦はともに非情な親に違いない。だが、それぞれが法廷で見せる顔は妙にちぐはぐで、つながりの薄さを感じさせる。

見せる顔が違うという点では、同僚や友人から「ごくふつうの父親」と思われていた修だけでなく、美津子もまたそうだ。

香奈を衰弱死させ、智和の障害を放置していた美津子は、准看護師として八年のキャリアを持っていた。高校卒業後、愛知県内の病院に勤務、循環器内科を中心に看護職の経験を積んでいる。

医療や健康に関する知識は人一倍持っていたはずで、当然、二人の子どもに治療が必要なことも承知していただろう。にもかかわらず、なぜ悲惨な事態を招いたのか、彼女はその理由を「閉じ込められた生活だった」と表現した。

†閉じ込められた生活

美津子は二六歳で病院を退職、その後二〇代後半から風俗店での仕事をはじめた。このとき、客として出会ったのがのちに夫となる修だ。

修は何度かの転職を繰り返し、当時は派遣社員として自動車関連の工場などに勤務していた。二人は同棲をはじめるが、美津子が風俗店の仕事を辞めたこと、また修には飲食費やギャンブルでの借金があり生活は苦しかった。

美津子は修から強い束縛を受けていた。家計はすべて修が管理、食品や生活必需品を買うときはあらかじめ許可を得なくてはならない。自由な外出や外部との連絡もほとんど許されなかった。

「好きにやらせたら、おまえは浮気するかもしれない」、それが修の言い分だ。したたか酔った修に首を絞められ、死を意識したこともあった。

機嫌を損ねないよう絶えず顔色を窺い、ルールを守ることに徹した。自分には極力カネを使わず、友人関係や世間とのつながりを断ち、修の怒りが爆発しないように心を砕いた。

美津子がそれほどまでに自己を押し殺した背景に、幼少期の体験があるという。彼女の両親は幼くして離婚、父方の祖母に預けられた。だが、祖母は些細なことで美津子を殴り、「厄介者」と罵倒する。両手を縛られて風呂に沈められ、厳寒の戸外に追い出されたこともあった。

頼れる家族がいないことで、早くから自立を模索した彼女が選んだのが看護職だ。仕事にやりがいは感じていたが、実父が作った借金の返済を助けたりするうち、経済的にも精神的にも追い詰められる。

病院を退職後、風俗店で働くようになったときは、自分の人生はもう終わりだ、そんな絶望感を覚えていた。だが、修は優しく話を聞いてくれ、穏やかに受け止めてくれる。単なる客という以上の感情を抱くのに、時間はかからなかった。二人で人生を歩み、ともに助け合っていきたいと望んだ。

ところがその暮らしは、美津子の思いとは逆の方向に進んでしまう。智和の妊娠がわかっても、「本当にオレの子か?」と疑われた。お腹はどんどん大きくなるが、家計を管理する修から「病院に行くとカネがかかる。看護師だったんだから、自分の体のことはわかるだろ?」と言われる。

修の借金や遊興費で日々の生活に余裕はない。当時はまだ入籍していなかったから、自分の健康保険証も持っていない。やむなく「飛び込み出産」したが、病院への借用金の未払いに加え、智和の障害を治療できないことも負い目になったという。

「夫は自分の思い通りになると機嫌がよく、私や子どもにも優しくしてくれます。逆に、少しでも気に入らないことがあると何日も無視されたりしました。私は親の愛情を知らずに育ち、夫以外に頼れる身内はいません。夫しか頼れないのだから、波風を立てないよう自分が我慢すればいいんだ、従うしかないという気持ちで暮らしてきました。誰か別の人に相談する、そんな方法はまったく考えられませんでした」

次第に買い物などの外出も制限されるようになり、一日中アパートで智和と過ごす毎日だった。誰とも会えず、話せず、夫に従う日々がつづくうち、ますます外部との接触が怖くなる。

正式に夫婦となり、香奈が生まれてからも修の束縛はつづいた。子どもたちが風邪を引いたり、嘔吐を繰り返しても、「病院に連れていこう」という気持ちは起こらなかった。何年にもわたる制限された生活で、「外に出られないのがあたりまえだと思っていた」、そう美津子は言う。

「閉じ込められた生活」と証言した美津子に対し、修は「妻に対する自分の言動に反省する点はあるが、そんなふうに言われるとは思わなかった」と困惑した表情を浮かべた。

二人の子どもが悲惨な状況に至る背景に、美津子が言う「閉じ込められた生活」があったとしても、なぜ救急車を呼ぶための一本の電話さえかけられなかったのか。

来る日も来る日もアパートの一室で子どもたちと過ごしながら、どうして美津子は一歩だけでも外に出ようとしなかったのか。

派遣社員や准看護師として世間に見せてきた顔、1Kのアパート内で夫婦がそれぞれ見せた顔、衰弱する我が子を放置しつづけた顔、いったいどれをもって彼らの人間像を語ればいいのだろうか。

二人から直接話を聞きたかったが、勾留中も、判決確定後の服役中の今も、残念ながら叶わなかった。なぜ、どうして、そんな思いがくすぶりつづけていた。

†自尊心を失うと檻も鍵もいらなくなる

ドメスティック・バイオレンスと児童虐待との関連性に詳しいDV・虐待予防研究会代表の山中多民子さんはこう話す。

「母親が子どもたちを放置した背景には、長年にわたる制限された生活で判断力を奪われていたこと、そして無力化と孤立化があると思います。幼少期からふつうの家庭生活を送れず、安全や安心という感覚が得られにくかった。結婚した夫からも暴力を受け、相手の機嫌を窺うような毎日で、やはり安心感がない。自己主張する、自分を大切にする、こうした自尊感情がおそらくなかったのでしょう」

頼れる身内もおらず、地域や友人とのつながりもない。孤立し、自分以外の他者と関わらないことで客観的な視点が持てなくなる。さらに、暴力的な行為を受けたことによる影響と、自尊心が低いことで「抵抗」ができず無力化していくという。

「自尊心というのは、人が行動する上でとても重要なものです。私は本来こんなことをされる人間じゃないと思うことができれば、相手を否定する力も、闘う気力も、子どもを連れて逃げる勇気も出てきます。でも、その部分がないと、立ち向かうとか、行動するとか、そもそものイメージがわかない。こういう人は、自分から助けを求めることがむずかしい。無力化され、自尊心を失った人に檻も鍵もいらない、と言いますが、何の囲いがなくてもみずから外に出よう、誰かと関わろうとはしなくなるんです」

美津子には良い意味での「イメージ」が持てなかったのではないか、と山中さんは指摘する。たとえば、子どもを大切に育てるとはどういうことなのか、自分自身が大切に育てられていないから想像できない。

誰かに相談して助けてもらうとするなら、助かったあとのイメージが持てない。安心や安全という環境を知らない人にとっては、たとえ「こっちに逃げれば大丈夫」と言われても、その「大丈夫」が具体的にわからない。

むしろ、助けを求めることで夫を怒らせるのではないか、あるいは助けてくれた人に従わざるを得なくなるのではないか、そんな悪い展開を考えて身動きできなくなる。

一方で、外に対して見せる顔はしっかり者、素直な場合が多いという。これは自尊心が低いからこそで、「イヤだ」とか、「私には無理」などと本当の気持ちを言語化できない。

「行政や支援者、夫など権力のある人に対して一見素直なのですが、実際にはＮＯを言う力がない、相手が怖いから形だけ従っているんです。仮に行政が支援を申し出ても、大丈夫です、ひとりでがんばれますといった態度を見せるでしょう。助けてもらえるという状況をイメージできないので、予防線を張り、自主的に行動を制限してしまいます。相談先や支援の窓口がいくらあっても、状況が深刻な人ほど自分からはまずつながりません」

泣いたり、怒ったり、不満を言ったりする力、精神的な健全さのある母親なら、それこそはだしでも逃げられるという。だが、予防線を張るような母親はみずからの意思や行動力を持てず、ますます孤立と無力を招く。やがて自分がやりたいことさえわからなくなり、電話一本かけられない、一歩外に出ることもできない、そんな状況に陥ってしまう。

「彼女からすれば、力を持つ夫が怖いから従っていただけなのでしょう。でも夫は自分が正しいから従うんだ、と考えてしまう。歪んだ関係が固定化し、長期化していきます。母親が長男を室内に閉じ込め、衰弱した長女を放置していたのも、そういう事態が長期化するほど判断力が低下し、行動のきっかけをつかめなくなったからでしょう。だからといって許されるものではないですが、潜在的には決して少なくないケースだと思います」

†繁華街の夜間保育園

東京都豊島区、都内有数の繁華街には飲食店や風俗店が軒を連ねる。半裸の女性が描かれたイラスト看板、フルメイクの風俗嬢がドレス姿で微笑む写真、英語や中国語で書かれた店舗情報のチラシが人混みの中で踏まれていく。

メインストリートから裏通りに入った古い雑居ビルの二階、エレベーターを降りた先に小さな無認可保育園があった。三〇畳ほどのスペースにベビーベッドが五台、クッション性のカーペットの上には室内用の小さなジャングルジムが置かれている。

預かり児童の定員は一五人、保育士とパート職員の六人が交替制で世話をする。午後五時から翌日の午前九時まで、夜間専門の保育施設だ。

一般に保育園（保育所）と呼ばれる保育施設は、児童福祉法に基づき都道府県知事などの認可を受けた認可保育施設と、認可を受けていない無認可（認可外）保育施設がある。

前者は保育士数、施設の広さや設備、衛生管理などが厳密に定められ、公的な補助を受けて運営される。後者の場合は、児童福祉法の基準に達していない。開園時間や保育士数、保育内容などが自主的に設定できるため、たとえば英語教育に力を入れる保育園や、企業内託児室など多様な形態の保育施設がある。

少子化で子どもの数は減っているが、一方で母親の就労意欲は高まっている。その雇用形態も、派遣やパートといった非正規雇用だけでなく、長時間勤務や夜勤、単身赴任など多様化し、受け皿としての無認可保育施設の需要は増えている。厚生労働省の調査では全国に約七八〇〇施設、入所する児童数は約二〇万人だ。

先の夜間保育園の園長は三九歳の女性、保育士資格は持っているが前職は塾講師だった。昼間のアルバイトと兼務する保育士や、しばらく現場を離れていた高齢のパート保育士もいる。

無認可保育園には公的な補助がないため、保育料は割高になる。料金を抑えようとすれば、どうしても人件費を削るしかない。全国的な保育士不足の中、そもそも夜勤という勤務形態では経験豊富な正規の保育士はまず集まらない。

「それでも需要がある以上、こういう施設は必要だと思います。無認可と言っても東京都の立ち入り調査もありますから、保育環境の整備や子どもの健康管理はしっかりやっています。一昔前の劣悪ベビーホテルや無資格のベビーシッターとは違いますよ」

園長はきっぱりと言うが、実際にはトラブルも起きやすい。複雑な事情を抱えた保護者が少なからずいるからだ。

繁華街という場所柄、大半の親が不安定な仕事に就いている。母子家庭や父子家庭、内縁関係といった家族構成だけでなく、ルームシェアのような形で複数の他人と同居するケースも増えてきた。

利用申し込みに際し、運転免許証などの身分証明や住民票、健康保険証のコピーの提出を求める。ところが、まったく用意できない保護者もいる。

「運転免許証を持っていない、住民票がどこにあるのかわからないというんです。地方出身者の場合、若くして家出していたり、上京後に引っ越しを繰り返したりして、自分でも住民登録がどうなっているのか全然知らないんですね。最近は外国人の親も多く、住民登録どころか不法就労しているケースもあります。身分証明の代わりに、電気やガス料金の支払い書、アパートの賃貸契約書のコピーなどを出してもらう。それでなんとか住所と氏名の裏付けを取るんです。ただ、他人のものを出されてしまったら、裏付けなんて無理ですけど」

身分証明を得るだけでも大変だが、もっと困るのが健康保険証だ。会社員が加入する社会保険を持っているケースはほとんどない。国民健康保険に入ったとしても、保険料の支払いや住所変更を怠り、結局は無保険状態になってしまう。

保育園では子どもが病気のときも保育を受けつけている。「発熱三八度まで」、「投薬は三回まで」、「急変時の医療機関受診代理」という条件だが、健康保険証コピーの提出が必須だ。

鼻風邪程度と思っても、乳幼児はいつ急変するかわからない。保護者には必ず健康保険に加入するよう求めるが、実際には「これが一番むずかしい」と園長は嘆息する。

「おカネがないから保険料を払えない、手続きの方法がわからない、そんな保護者には行政の補助や相談窓口があることを伝え、申請書類の書き方も丁寧に教えます。役所の窓口に行けば健康保険だけじゃなく、児童手当や母子手当、いろんな制度も受けられるし、お子さんのためにもまずは手続きしてくださいと。親は口先ではわかりましたと言いますが、簡単にはやってくれません。繰り返しお願いして、できる限りの協力は申し出ていますが、面倒がって保育園をやめてしまうケースもありますね」

保護者がその後どんな保育施設を探すのか、園長にはわからない。受け入れ条件の低いベビールームを選ぶのか、インターネットで個人のベビーシッターを探すのか、あるいは誰にも預けず子どもを置いたまま仕事に出るのか。

†格安ベビーシッター

二〇一四年三月には、「格安」を売りにする男性ベビーシッターが、預かった二歳の男児を死亡させる事件があった。依頼したのは二二歳のシングルマザー、インターネット上で個人のベビーシッターと利用希望者をつなぐマッチングサイトを通じ、亡くなった男児と生後八カ月の子どもを一晩四〇〇〇円という条件で預けていた。

一般的なベビーシッター料金なら、一時間当たり二〇〇〇円ほどかかる。それが一晩で四〇〇〇円とは確かに格安だが、男性には保育士資格も子育て経験もなく、アルバイト感覚で引き受けたに過ぎない。

マッチングサイトに登録する個人のベビーシッターに取材を申し込んだ。三八歳の独身女性、妹と同居する。日中は彼女が派遣社員、妹はアルバイトをしているため、夜間と休日に子どもを預かっている。

登録時には自分の氏名や年齢、職業、メールアドレス、携帯番号などをマッチングサイト運営業者に送信、「訪問保育」か「家庭保育」を選択する。訪問保育とは依頼者宅に出向いて子どもの世話をするもの、家庭保育は自宅で子どもを預かる形態だ。

料金やサービス内容はベビーシッター側が設定し、マッチングサイトを通じて依頼してきた親と面接、条件を明示した契約書を交わす。

「私は家庭保育で、主に乳幼児を預かっています。一応、一時間単位でひとり一二〇〇円、兄弟姉妹を複数預かる場合は二〇〇〇円です。ただ、何回か依頼を受けたお馴染みさんの場合は、一日のパック料金で八〇〇〇円程度まで値下げしています。この仕事は親御さんとの信頼関係が大事ですし、お子さんを預かる以上、シッターには責任感や愛情が求められます。ただそれは親御さんのほうも同じ。責任を持って預けてほしいと思いますが、実際にはいい加減な人も多いです」

たとえば保育中の子どもがケガをしたり、逆にベビーシッター宅の家財道具などを壊した場合に備え、親には傷害保険や損害賠償保険への加入が求められる。彼女自身、預かっていた子どもにスマートフォンを壊されるという経験があった。契約の際は保険加入を条件にしたいところだが、設定を厳しくするとたちまち依頼が減るという。

厚生労働省では現在、マッチングサイトの届け出制や個人ベビーシッターの研修制度、登録時の個人確認の義務化などを検討している。だが、利用条件が厳格になることを敬遠する親も少なくない。

「事件があったことで、素人のベビーシッターに預ける危険性が注目されましたけど、あえてそちらを選ぶ人はいくらでもいますよ。親の身分証明や保険、契約の順守とか、面倒なことを言われないシッターというのは、やっぱり一定の需要があるんです。格安というおカネだけの問題じゃなく、簡単に、ルーズに預けられるほうがいい。そういう親御さんがいる以上、抜け道的な業者や個人はなくならないでしょう。規制の強化が本当の意味での解決策になるとは思えません」

基準を厳しくするほどリスクが減るように感じられるが、半面では自分の都合に応じた預け先を確保できない親が増える。結局は子どもを家に置いたまま外出し、別のリスクが生じるだろう、ベビーシッターはそんな危惧を示す。

†「誰にも頼れない」シングルマザーの育児放棄

先の夜間保育園では、親の事情や複雑な生活状況を承知した上で、なるべく受け入れを拒まないよう努めている。

送迎時間を守らない、子どもの着替えや連絡ノートを用意しない、他人にお迎えを任せる、保育料を滞納する、トラブルやリスクは決して少なくない。といって保育を断れば、それでなくても不安定な親子が行き場を失い、より深刻な問題につながりかねないと思うからだ。二カ月に一度は保護者と面談し、仕事や生活上の悩み、家族問題、健康状態の相談にも乗る。

小さな無認可保育園がここまでするのには理由がある。三年前、利用者だった母親が事件を起こしたからだ。

当時三歳の女児を預けていた二三歳のシングルマザー、出張型風俗店で働いていた。ホテルや客の自宅などに出向き性行為をする仕事で、デリヘル嬢と呼ばれる。

利用の申し込みがあったとき、身分証明の代わりとして銀行の通帳を持ってきた。記載された預金額は五〇〇万円近く、「月に一五〇万円は稼ぎます」とも説明した。

娘は母親似の丸顔だったが、体は華奢でどこか表情に乏しい。頻繁におもらしをし、フォークやスプーンもじょうずに使えなかった。

迎えに来た母親に子どもが汚した下着や服を渡すと、クリーニング店に出した着替えを持ってきた。保育士が「おうちで洗濯するか、洗濯機がないならコインランドリーを使ったらどうですか」と言うと、「私、おカネがあるから大丈夫です」、あっけらかんと笑う。食事もほとんど外食で済ませる、近所でもタクシーに乗る、そんな話を屈託ない調子で話していた。

派手な母親と、表情の乏しい娘。親子のアンバランスが気になったが、虐待を疑わせるような様子はない。保育料の支払いを怠らず、送迎時間も守っていたから、問題の兆候は感じられなかった。

ところが次第に母親の言動が変わってきた。やたらテンションが高く、保育士相手に一方的にしゃべりつづける。順調な仕事ぶりを自慢し、性行為の様子まで赤裸々に話す。顧客に有名な芸能人がいる、何人もの男性から結婚を申し込まれている、すぐには信じられない内容ばかりだ。

精神的に不安定な母親はほかにもいたが、彼女への対応はとりわけむずかしかった。単に自慢話をつづけるだけならまだしも、いきなり不機嫌になって声を荒らげたり、保育士に食ってかかったりする。

「そのころは正直言って厄介な母親、トラブルメーカーという目で見ていました。職員もストレスが溜まって、仕事を辞めたいという人も出てきた。小規模な園なので、ひとりでも欠員が出ると大変なんですね。もちろんお子さんのことは考えましたけど、結局は退園してもらうことにしたんです」

園長の選択は、結果的に悲劇につながった。退園して間もなく、母親が地方のホテルに娘を置き去りにしたのだ。

入室を断る表示が出ていたため、従業員が子どもを発見したのは三日後だった。重い脱水症状で緊急入院したが、ホテルに残された名前は偽名、身元を示すものは何もない。捜索願も出されていなかったため、地元の児童相談所が「身元不明児」として一時保護した。

一方、保育園ではまったく事情を知らず、新しい預け先を見つけて元気にやっているだろう、そんなふうに考えていた。

警察の捜査で母親が見つかったのは五ヵ月後、都内の別の風俗店で働いていた。保育園からは電車で五分、わずか二駅先の距離だ。

園長は警察の事情聴取を受けたが、その際に知らされた母親の供述に大きなショックを受けたという。

「自分でなんとかしなくてはと思ったけれど無理だった、誰にも頼れずパニックになった、そう話したと聞きました。電車で五分の場所にいたわけですから、どこかでうちの園を頼りたい思いはあったんじゃないかと思うんです。でも、自分からは助けてと言えない。こちらも相手の内面まで見るのはむずかしい。とにかく子どもの命が助かってよかった、それだけはありがたいことだと思いますが……」

保護責任者遺棄罪で逮捕された母親は、執行猶予付きの判決を得て保釈された。だが、その後の彼女の状況はおろか、児童相談所に保護された子どもがどうなったのかもわからない。

†都市部のむずかしい虐待対応

子育て支援や虐待防止の専門機関で、保育園のある地域を管轄するのが東京都東部子ども家庭支援センターだ。所長（取材時）は、問題を抱える家庭への対応、支援のむずかしさをこう話す。

「東京や大阪などの大都市はどこも同じ状況でしょうが、人の流入出が激しく、居住実態や支援のニーズを把握できないんです。ウィークリーマンションやカプセルホテル、ネットカフェといった短期滞在の施設がたくさんありますし、従業員寮での共同生活、ネットで知り合った人との一時的な同居など人間関係も多様化している。不安定な状況にある人ほど支援の必要性は高まりますが、半面、見つけ出すことからしてむずかしい。私たちも大きなジレンマを抱えています」

地域社会の希薄化、オートロックマンション、個人情報保護といった社会的背景も支援のむずかしさに拍車をかける。「近所のマンションから子どもの泣き叫ぶ声が聞こえる」、そんな通報を受けて駆けつけても、マンションがオートロック式だと建物内に入れない。

居住者の情報を得ようと管理会社に連絡すると、「個人情報」を盾に拒否されることもある。

総務省が全国の児童福祉司を対象に行った『児童虐待の防止等に関する意識等調査』では、約四割が「都市部と郊外の虐待対応では、都市部のほうが困難」と回答した。このうち八割以上の児童福祉司は、「都市部では、近隣関係の希薄化、密閉性の高い建物構造等により発見されにくいため、悪化した状態で児童虐待が見つかることが多い」と問題点を挙げている。

行政や相談機関がなんらかの危機を察知し、支援を申し出ても、容易に応じてもらえない場合もある。所長は困惑気味に言う。

「SOSを出してくれる親はいいんです。住民登録の有無にかかわらず、実際に困っているのなら対応策はありますから。ただ、現状認識ができない人も少なくありません。この状態は危ない、誰かの助けが必要だと思えないんですね。事態がより深刻に、自分の手に負えなくなると、ますます助けてと言えなくなります。こちらからは一生懸命働きかけるのですが、かえって心を閉ざしてしまう場合もあります」

ここまで放置したことを責められるのではないかという恐怖、今さら行動しても遅いといった絶望感、あるいは目の前のことをなかったことにする現実逃避。

こうした親たちはみずからつながりを断ち、閉じこもる。しかも都会では、現実逃避できる楽しい場所、後腐れないその場だけの関係が簡単に手に入る。

だが、そうやって親が逃げてしまったら、子どものほうはどうなるのだろう。現実の存在をなかったことにされ、頼るべき親に見捨てられたら、幼い彼らはどう生き延びればいいのだろうか。

二〇一三年度に全国の児童相談所が対応に当たった児童虐待件数は七万三八〇二件。このうち東京都が五四一四件、神奈川県が九八三七件、大阪府が一万七一六件と三都府県だけで全体の三割を占める。

同年度、東京都内で遺棄、置き去りにされた一八歳未満の子どもは三一人、大阪府では二七人に上った。

†責任を果たそうとしない親

公園に遺棄されたり、駅やデパートなどに置き去りにされる子どもは、公的には「棄《き》児《じ》」、「置き去り児童」と呼ばれる。両者合わせて例年二〇〇人前後が報告され、二〇一二年度は全国で二四九人に上った。

厚生労働省の定義によると、棄児は保護されたときに親が判明せず、病院や路上、公園などに遺棄された児童。親の身元がわからない段階では、親権も放棄したとみなされる。

一方、置き去り児童は、基本的に親が判明しているが養育を放棄し、家庭の内外に放置された児童を言う。この場合、親が判明した時点で親権が生じ、子どもに関わる決定権は親権者である親が持つ。

全国児童相談所長会が作成する『全児相』という内部資料がある。この通巻第九一号では児童相談所が対応に当たった棄児、置き去り児童二四一人を対象に、その状況が報告されている。

発見時の年齢は、棄児が平均〇・一一歳と、生後間もなく棄てられるケースが多い。一方、置き去り児童は平均五・二二歳と年齢が高い。最高は一七歳、小学生や中学生も多数いる。

発見時の着衣等の状態としては、「全裸。近くに白いタオルが一枚落ちていたのみ」、「毛布に包まれ、オムツのみ着用」、「衣服に汚れがあり、数日間お風呂に入っていない」など、何の配慮もないまま放置されたケースも少なくない。

幼い子どもを棄てたのはどんな親なのか。遺棄時の親の状況（複数回答）では、「生活困窮」が棄児で四五・九％、置き去り児童が三六・六％。「家族・親族等からの孤立」が棄児で四〇・五％、置き去り児童で二三・九％に上った。

個別の理由として、「パートナーが行方不明」、「複雑な人間関係での出産と生活環境」、「母親がメル友で知り合った人のところに行った」、「遊びたかった」という事例もある。

親に見捨てられた子どもたちは、少なからず深刻な健康状態に陥る。「低体温による徐脈」、「頭蓋骨骨折、硬膜外血腫」、「アトピー性皮膚炎が悪化。食事不良」、「搬送されたときには心肺停止状態」、過酷な実態が浮かび上がる。

かろうじて児童相談所に保護され、警察の捜査で「実の親」が判明しても、親子の関わりがまったく持てないケースも少なくない。ある児童相談所が扱ったケースでは、次のような状況が報告されている。

――実親が判明後、児童の出生届を提出するよう実親に求めたが、なかなか手続きをしようとせず、再三の指導を要した。結果、二年半たってようやく児童の出生届が提出された。発見時は「棄児」であったが、実親が判明したので「棄児」でなくなったため（引用者注：親が判明すると置き去り児童となり、親権が生じる）、実親がとるべき手続きが必要になった。

　当初から実親は養育する意志がなく、養子縁組を希望していたが戸籍がない状態では具体的に進められなかった。親としての責務を果たそうとしない実親に対して、児童相談所長による未成年後見人の選定の請求も検討したが、相当の時間がかかることが予想されたため、結果的には児相から実親に対し、手続きを早急に進めるよう「再三の働きかけ」でしか対処できなかった――。

　戸籍法では、子どもの出生届の届出を怠っても、「五万円以下」の過料に処されるだけだ。親権がある以上、当の親が行動しなければ、生まれた子どもは戸籍さえ得られない。

　親とは何か。親と子は何をもってつながっているのだろうか。

第五章

救出システムの機能不全

約束した時間から四〇分が過ぎていた。土曜日の午後、駅ビル内の喫茶店はティーブレイクを楽しもうとする客で満席近い。一旦外に出て席を空けようかと思った矢先、店内に駆け込む人影があった。

「すみません。大変お待たせしました」

息を上げながら律儀なお辞儀を見せるのは、児童福祉司の鈴木昭（仮名）さんだ。一般行政職の公務員として県庁に採用され、主に情報管理の仕事をしてきたが、八年前に志望して児童相談所に異動した。「周囲からは変人扱いされた」と自虐する彼と会うのは、これが三度目だ。

この日の午前中、鈴木さんは「アタック訪問」をしていた。事前の連絡をしない、いわば直撃の家庭訪問だ。相手が在宅している可能性を考えると、土曜日や日曜日の午前中、あるいは平日の夜などが実行しやすい。

児童福祉司にすれば本来の業務時間外だが、「残業や休日出勤はあたりまえ」という勤務状況がつづいている。鈴木さんは午前八時前には出勤、帰宅は連日午後一〇時をまわる。

それでも終わらない仕事が山積し、専門研修や他機関との会議などに追われる。

以前に会ったときは、「大変な仕事だけど、子どもを救ってやるぞという気概を持っている」、そう快活に話していた。「やりがいを感じる」、「親子が笑顔になってくれるのが本当にうれしい」、前向きな言葉も多く聞かれた。

だが、今日の鈴木さんは疲れた顔を隠せず、テーブルに運ばれた熱いおしぼりでしばし目頭を押さえている。

「最近はとにかくケースが増えてしまって。単に増えるだけじゃなく、対応がむずかしい、複雑なケースが多くなりました」

いきなり弱音を吐き、そんな自分を恥じるように小さく苦笑した。

「ケース」とは、児童福祉司が専門的に対応する案件のことだ。彼が勤務する児童相談所は、〇歳から一八歳の子どもとその保護者を対象に、相談や調査、支援などの業務を行う。

対応に当たるのは児童虐待だけでなく、家出や非行、触法少年、不登校や不就学、障害や発達、生活困窮など幅広い。それぞれの問題に応じて、保育園や学校、医療機関、弁護士や警察などとも連携する。

鈴木さんは常時一〇〇件前後の児童虐待ケースを抱えている。虐待する親を指導、支援しながら、子どもを在宅で見守るケースが約八〇件、乳児院や児童養護施設などに入所するケースが約二〇件だ。児童福祉司が足りない、忙しすぎるという声は以前からつづいているが、具体的な実情はなかなか伝わらない。そこで、児童虐待防止法施行前の一九九九年度と、直近の二〇一三年度のデータを挙げて比較してみよう。

児童相談所が対応に当たった児童虐待件数は一九九九年度が一万一六三一件。二〇一三年度は七万三八〇二件と、一四年間で約六・三倍に増えている。

これに対して全国の児童相談所数は一七四ヵ所から二〇七ヵ所、約一・二倍しか増えていない。児童福祉司の人数は一二三〇人から二七七一人と約二・三倍の増加にとどまる。二〇一三年度の児童虐待件数を児童福祉司数に割り当てると、一人当たり約二七件だ。

先の鈴木さんの担当数約一〇〇件とは大きな開きがあるが、多くは「継続支援」、つまり長期にわたって関わるため、何年分ものケースが積み重なる。

全国の児童福祉司を対象に行われた『児童虐待の防止等に関する意識等調査』では、九七・四%が「児童虐待を行った保護者に対する支援に困難を感じる」と答えている。

さらに、虐待対応の負担感については、「非常に負担が大きい」と「負担が大きい」が合計で九四%。現場のプレッシャーと疲弊が伝わってくる。

†時代遅れの情報共有システム

「児童福祉司に対する親の暴言や恫喝、暴力なんかは以前からありましたが、このところ増えているのがネット上での過激な批判です。一部の保護者が、児童相談所は拉致組織、児童福祉司は誘拐犯、そんなふうにバッシングする。個人の名前や写真、電話番号なんかを勝手にアップされてしまうこともあるので、申し訳ないですが今回は配慮してもらえますか」

運ばれてきたコーヒーに口をつけるのもそこそこに、鈴木さんは声を落として言った。今までは実名での発言掲載を許可してくれたのだが、嫌がらせを受ける恐れがあるので仮名にしてほしいという。そんなことからも、ここ最近のむずかしさが伝わってくる。

「児童相談所が抱える問題はたくさんあると思いますけど、複雑なケースが増えているというのは、具体的にどんなものですか」

私の問いに、鈴木さんは二つの点を挙げた。ひとつは親の生活状況の多様化、もうひとつが他機関との連携、調整のむずかしさだ。

居住地、就労、人間関係、親を取り巻く状況が以前とは大きく違う。この点は鈴木さんだけでなく、ほかの取材でも実に多く聞かれた。従来からのノウハウやシステムでは対応できないというのだ。

「私たちの仕事は情報収集が大事です。当事者と直接会えればいいですが、そうでなければ周囲から聞き込みをします。たとえば親族や職場の関係者、近隣、アパートの大家さんとか。ところが誰をどう当たっても、容易に辿りつけないケースが増えました。親族は何も知らない、関わりたくないという。仕事も住まいもネットで探せますし、今日いる場所に来週もいるとは限らない。ようやく探し当てたアパートを訪ねたら、契約者は本人だけど、実際には又貸しして別人が住んでいる。携帯電話の番号がわかって連絡しても着信拒否され、そのうち番号が変わってしまうこともあります。雲をつかむような話、そんなふうに感じることが増えました」

インターネットを駆使し、小さなスマートフォンであらゆる情報を得る親の一方で、児童相談所のシステムは旧態依然としたままだ。たとえば「CA情報連絡システム」、居所不明児童の行方を捜したり、虐待などの問題を抱えた家庭の所在がわからなくなった場合などに使われる。

第三章でも前述したがCAとはChild Abuseの略、「児童虐待」を指す。一九九九年一〇月から運用が開始され、各都道府県の中央児童相談所と政令指定都市が設置する中央児童相談所に情報配信される。情報内容は、行方不明になった児童の氏名、年齢、身体的特徴、家族構成、いなくなったときの状況などで、いわば手配書のようなものだ。

ところがCA情報は、いまだにFAX送信である。各児童相談所が送受信する情報はデータベース化されておらず、それどころか届いたFAX用紙の管理も十分にはできていない。

「たまに不明児童の写真がついていても、FAX特有の不鮮明さでよくわからない。受理した職員がファイリングはしていますが、一カ月に二、三〇枚は届くのでいちいち内容を覚えていられないんです。早急にデータベース化し、パソコンで簡単に検索できるようにしてほしいと願ってきましたが、ちっとも進みません。情報や更新記録が一元化されないことで、職員のほうも有益性を感じられない。まったく時代遅れのシステムだと思いますね」

CA情報連絡システムの不備を嘆く声は、今までの取材でも多くの児童福祉司から聞かれた。FAX用紙で届けば紛失の恐れもあるし、時間が経てば変色する。なにより、児童相談所相互の、あるいは職員間の情報共有がむずかしい。

今、ネット上ではリアルタイムでの情報発信や収集、検索ができる。SNSを使えば、瞬時に情報が拡散していく。クラウドサービスといって、遠隔地からもデータの確認や更新が可能なネットワークシステムもある。そんな時代に、居所不明や児童虐待というリスクを抱えた子どもの情報がFAX送信、一向に改善されていない。

†最初に情報を把握するのは学校だが……

児童相談所間での情報共有さえスムーズにいかない状況で、他機関との連携はさらにむずかしい。

「それこそ居所不明児童という問題で言えば、最初に情報を把握するのは学校です。入学式に来ない、通学していた子どもが消えた、そんな事態になったとき、すぐに児童相談所に連絡してくるかと言ったら実は違うんです」

鈴木さんの言葉に、私は首を傾げた。第二章で書いたが、一度も登校しないまま行方がわからなくなった生徒を案じ、当時の中学校教頭が児童相談所に連絡している。ところが児童相談所の対応は「やけにのんびりしていた」と危機感のなさを指摘したのだ。

この一件を伝えると、鈴木さんはこう説明した。

「それは児童虐待防止法が施行される前の一九九八年度のことですよね。二〇〇〇年に児童虐待防止法が施行され、その後二〇〇四年の改正で市町村も通告先になったんです。現在では、相談や通告の一時対応は市町村が窓口、より専門的な対応や緊急の支援が必要な場合は児童相談所という区分けがされています。学校の場合なら、まずは市町村の教育委員会や役所の学校教育課、児童福祉課などが窓口になることが多いです」

市町村と児童相談所という二つの通告先、対応機関があり、いわば二階建ての構造になっているわけだ。

本書内でも取り上げ、また一般的に報じられる児童虐待件数とは、全国の児童相談所が対応に当たった件数を指している。二〇一三年度は七万三八〇二件だが、これとは別に「全国の市町村における児童虐待対応件数」という報告がある。同年度、全国の市町村の虐待対応件数は七万九一八六件に上る。

市町村のほうが約五四〇〇件も多いが、これは学校や保育所、保健所、警察、役所の各担当部署などから「一時窓口」として通告を受けたものの、児童相談所の対応を必要としなかったからだ。

市町村に通告された件数のうち、「学校・教育委員会」からは一万二一四三件、「保育所・幼稚園」が六九一〇件で、両者を合わせると全体の四分の一を占める。

「たとえば居所不明児童の問題を学校が教育委員会に連絡する。教育委員会では役所の学校教育課に連絡する。今度は学校教育課から児童福祉課や福祉事務所に連絡する。まるで伝言ゲームのようになってしまうこともあります。もちろん行政内の情報共有という意味ではいいことなんですが、本当に正しく伝わっているかという懸念は否定できません。情報の中継者になる職員の意識やスキルがそれぞれ違うので、実は深刻な問題なのに児童相談所には深刻だと申し送りされない。結果的に対応が後手にまわり、責められるのは児童相談所という場合もあります」

二〇〇四年の児童虐待防止法改正で市町村を一時窓口としたのは、「児童相談所の負担を減らす」ことが目的だった。二階建ての構造で負担が減った面はあるだろうが、一方では連携のむずかしさも浮き彫りになっている。

そもそも、市町村の窓口対応は決して盤石とは言えない。厚生労働省の『平成二三年度市区町村の児童家庭相談業務の実施状況等の調査』では、児童虐待などの相談、通告を受けつける市町村職員のうち、三四・一％が非正規職員だ。保育士や保健師などの資格を持たない一般事務職が二七・二％、他の業務と兼任する職員が五四・六％に及ぶ。

「市町村では、非正規のパート職員や退職職員の再雇用が増えているんです。一生懸命取り組んでくれる人もいますが、問題を抱える家庭への対応にはやはり特別なスキルが必要で、正直不安を感じてます。といって、児童相談所は今でもオーバーワークですから、すべて引き受けられるはずもないんですが。子どもを救いたい気持ちは強いし、実際に助けを待っている子どもがたくさんいるのは十分承知しています。ただ、家庭の事情も行政システムも複雑化していて、やはり悩みは尽きません」

鈴木さんはすっかり冷めたコーヒーに目を落とし、深いため息をついた。腕時計で時間を確認すると、「ごめんなさい。そろそろ行かないと」、申し訳なさそうに腰を上げる。夕方から、通告に備えて所内に待機する当番業務に就くという。

その夜、鈴木さんに取材お礼のメールを出した。返信が届いたのは日付が変わった深夜一時近く。先ほど帰宅しました、日を改めて連絡します、そう短く書かれていた。

†経験不足の職員が窓口に配置される

一方、児童相談所内部の問題を指摘する声もある。社会福祉系の大学院で修士号を取り、福祉専門職として首都圏の児童相談所に勤務する田中真理子さん（仮名）だ。二〇年近く現場に携わる彼女は、私生活では小学生と中学生の子どもを持つ。スペシャリストとしての毅然とした顔と母親ならではの柔和さを併せ持ち、取材場所には自宅を指定した。その日は祭日だったが、「家のほうがゆっくり話せるから」とリビングルームに招き入れてくれた。

田中さんは私にハーブティーを勧めながら、落ち着いた口調で切り出した。

「今、都市部の児童相談所は新人や若手の職員がすごく増えています。児童相談所だけでなく福祉事務所の生活保護担当などもそうですが、新卒採用した職員をいきなり窓口業務に就ける。こういう窓口は、いろんな問題を抱えた人と接する最前線です。まずはそこで修業しろ、揉まれて来い、そういう人事なんですね。もちろん公務員は、いかに市民のニーズに応えられるかというのが重要ですけど、経験不足の職員が増えることで全体の質の低下が進んでいる。私が働く児童相談所には、一般行政職の男性職員が、体力がありそうという理由だけで配属されています」

若くて元気がある、体育会系、体が丈夫、一般行政職の中からこんな職員がリクルートされ、児童相談所に異動してくる。暴力的な親がいる家庭に関わったり、非行や触法少年に対応する仕事だから体力があるに越したことはないだろうが、それと実際の業務とは次元が違う。

「児童福祉の仕事は非常にむずかしく、独自の勘や経験、人間性が必要なんです。たとえば虐待対応は単に子どもを助ければいいという話ではなく、親自身の人生にも深く関わり、信頼関係を築かなくてはなりません。人への優しさ、熱意、洞察力、行動力、コミュニケーション力、幅広い能力が求められます。そういう職場に新人ばかり増やされたり、土木課とか河川課とか門外漢の部署から職員が異動してくる。中堅やベテランの職員は、指導やフォローに追われてますます忙しくなってしまうんです」

児童福祉司は国家資格ではなく任用資格のため、新人や一般行政職の職員でも一年の実務経験があれば通信教育で資格を取得できる。こうすれば名目上は児童福祉司数が増員されたことになり、体制強化と映る。

一方で本当に専門的な知識、キャリアを有していると言えるだろうか。たとえば政令指定都市の福岡県福岡市では、二〇一四年時点で市内の児童相談所に勤務する児童福祉司のうち八割が勤続三年未満だ。

田中さんは、「確かにマンパワーは必要ですが、量と質の問題も同時に考えてほしい。人だけ増えても能力が伴わなければ、現場はかえって混乱する」と嘆息した。

†時代に追いついていない行政システム

田中さんはもうひとつ「量」の問題を挙げた。児童相談所の職員一人当たりのケース処理の量だ。児童福祉司が多くのケースを抱え、山積する仕事に追われていることは前述したが、この進捗状況や処理件数が数字だけで判断される傾向にあるという。

「たとえば一ヵ月に一〇回家庭訪問したけれど、そのうち一回しか親と面談できなかったとします。その場合、面談記録の数字は一になるわけです。こんなに時間かけて何やってるの、児童福祉司はちゃんと仕事してるのかと上層部から批判され、人事査定の評価まで下がる場合があります。逆に、数字だけ出していればいいと考える職員も出てきます。時間をかけて丁寧に調査する、支援するのではなく、適当に処理して数字の量を稼ごうという人。どうせ二、三年すれば別の部署に異動するから、そんな意識の低い職員のほうが数字上の評価を得ることもあるんです」

最近では、児童相談所に迅速さを求める動きが活発化している。たとえば虐待通告があってから四八時間以内に目視での状況確認をする「四八時間ルール」。できるだけ早く現場に駆けつけ、家庭や子どもと接触することは、言うまでもなく重要な初動対応だ。

だが、「四八時間以内」を重視するあまり、「親と会えた」、「親族から話を聞いた」、それだけで状況確認を行ったとするケースも出ているという。つまり、肝心の子どもの様子を見ることなく、四八時間以内に目視確認終了という記録だけがカウントされる。

右肩上がりで児童虐待件数が増える状況では仕方ない面もあるだろうが、一方では対応不足、判断ミスも生じかねない。しかも、子どもの命や親の人生というかけがえのないものに対して、取り返しのつかない失敗も起こり得る。

田中さんはキャリアを積んだ自身に向けても、こんな反省を口にする。

「長く現場にいますが、だからこそ暴力や親子間の問題に慣れてしまう部分もある。これくらいならよくあること、そんなふうに危機意識が低くなる恐れもあります。実際には今までの経験や判断が通じないむずかしいケースが増えているんですが、私たち職員や児童相談所という組織、行政全般のシステム、どれも時代に追いついていない。だからといって、子どもを救えなかったという言い訳には決してできませんが」

二人の子どもを持つ母親の立場からすると、日々報じられる児童虐待のニュースには身を切られる思いだという。児童相談所との接点がありながら実質放置されていた、そんな子どもの状況を知るたびに、どんな事情があれ許されないと憤りを覚える。

一方で現場に携わる立場では、従来の想定を超えるような複雑なケースが増え、支援の限界も感じているという。

†後回しにされがちな居所不明ケース

最近の傾向として、田中さんは「親の子育て観の変化」を挙げた。

「子どもへの愛情などと言う前に、そもそも子どものいる生活とはどういうものなのかわかっていない親が増えました。コンビニ弁当ばかり食べさせ、部屋の掃除もせず、次々と交際相手を替える。ただし、子どもを殴ったり、はっきりとネグレクトしているわけではない場合、既存のアセスメント（評価・査定）ではリスクが低いと判定される可能性があります。せいぜい助言指導くらいしかできないんですが、ある日突然、親がコンビニ弁当を買って来なくなったら、そう考えると実はリスクと隣り合わせ。こういうケースにどう対応していくのか、個人的には踏み込みたいところですが、現実にはむずかしいんです」

田中さんはさらに気になることを言った。「居所不明児童についても、緊急度という点ではリスク判定が低くなると思う」、そう話したのだ。

致命的な外傷や重篤な衰弱、顕著な発育不全、切迫した生活状況、親の養育拒否や判断力低下などあきらかな危険が判明すればともかく、行方がわからないというだけでは緊急の支援が必要とまでは言えない。

むろん調査や情報収集は行われるが、ほかの緊急事案に比べると後回しになることは十分考えられるという。ただし、実際に田中さんが居所不明児童のケースを扱ったわけではなく、あくまでも業務経験上からの推測だ。

「児童相談所はどうしても目の前にある、現実のケース対応に追われます。住所も家族構成も生活実態も不明という子どもにも虐待や貧困などのリスクはあるでしょうが、あくまでも可能性であって確証ではない。今、確実に大ケガをしている子どもと、これからそうなるかもしれない子どもがいたとしたら、やはり前者の優先度が高い。マンパワーも予算も時間も限られている以上、そういう対応になってしまうと思います」

大規模災害時の救急現場で使われる「トリアージ」という判定方法がある。運ばれた患者に色別のカードをつけて、治療や処置の優先度を測るものだ。死亡は黒、生命に関わる重篤な状態で一刻も早い処置が必要なものが赤、待機可能だが早期に処置すべきものが黄色、今すぐの処置や搬送が必要でないものは緑。

田中さんはこのトリアージを引き合いに出し、複雑そうな目をして言った。

「居所不明児童は黄色か緑、児童相談所ではこれくらいの判定になるでしょう。ただし、いつ急変して命を落とすかもしれませんが……」

†住民票を残して転居されたら児相はお手上げ

居所不明児童の問題を追いながら、なんとしても話を聞きたい児童相談所があった。第一章で紹介した亮太が、母親や義父、幼いSとともにホームレス生活を送っていたG市を管轄する児童相談所だ。

当時、亮太は一四歳。義父はときおり日雇いの仕事に就いていたが、一方では短期間で現場が変わるため各地を転々としていた。そうしてたどり着いたのが関東西部のG市だ。

夜は公園のベンチや公共施設の軒下で野宿し、昼間はスーパーの店内や人目につかないビルの階段などで過ごす。そんな一家は、たまたま生活困窮者向けのパンフレットを見つけ、G市の生活保護を受給できることになった。

二〇一〇年八月、ドヤ街の簡易宿泊所をあてがわれ、薄い板壁で仕切られただけの三畳ほどのスペースで暮らすことになったが、この際、亮太は児童相談所の職員と面談している。

小学四年生のとき、ホストクラブにはまった母親が一ヵ月も家出し、パトロン男性が用意したアパートで心細く生活していたこと。その後、否応なくホストクラブの店内で過ごすしかなかったこと。

小学五年生の一時期を最後に居所不明児童となり、ラブホテルの敷地内でのテント生活、公園での野宿、幼いSに腐りかけたミルクを飲ませなくてはならない日々だったこと。

母親と義父による数々の暴力、繰り返し親戚への無心をさせられていたこと。

簡易宿泊所での面談の際、児童相談所は過酷な生活環境とあきらかな児童虐待を把握したはずだ。にもかかわらず、亮太とSは継続的な支援を受けていない。

もしもこの局面で確実に救われていたなら、亮太の人生はまた違った展開になったかもしれない。ではなぜ救われなかったのか、私は児童相談所の見解をどうしても知りたかった。

前述したように亮太の本名は一切明かされていない。個人名を挙げての取材はできないため、あくまでも当人から聞き取った範囲内での情報を伝えるしかない。

取材に応じてくれたのは、虐待対応の責任者である相談支援課長。私は亮太の成育歴やG市の簡易宿泊所で生活した期間、母親の一存で生活保護受給をとりやめ簡易宿泊所を出ていくことになった経緯、その後再びホームレス状態に陥ったことなどをかいつまんで説明した。

「この状況で、なぜ亮太君とSちゃんに支援が継続されなかったのでしょうか」

私の問いに、相談支援課長はこう切り出した。

「個人情報の観点からも、児童相談所の守秘義務という点からも、個別のケースとしての回答はできかねます。あくまでも一般論という形になりますので、その点をご了承ください」

硬い口調で断りを入れたあと、つづけてひとつの見解を挙げた。

「少年がG市の簡易宿泊所を出てからどこへ行ったのか、彼や一家の行方が把握できていたかどうか、まずここがポイントになると思います」

亮太の母親が「鳥かごみたいな生活はイヤだ」と言い出したことで、一家は簡易宿泊所を出てしまった。その後、再びホームレス生活に陥り、各地を転々とした挙句、地の利のある関東北部のF市周辺に舞い戻っている。こうした経緯から、当時の担当者が一家の行方について把握していた可能性は低いのではないかと言う。

仮に亮太一家がF市周辺に舞い戻ったという情報を把握していれば、F市を管轄する児童相談所に「移管」という手続きをする。G市とF市は県が違うため、亮太たちが県外に転居したことがわかった時点で先方の児童相談所に連絡し、いわゆる引継ぎを行うわけだ。

一方、まったく行方がわからなければCA情報連絡システムを使う。全国の都道府県中央児童相談所、政令指定都市の中央児童相談所に亮太一家の情報を配信し、なんらかの情報提供を求める。

「おそらくこのケースでは、CA情報を使ったのではないかと思います。CAは（情報が）ヒットする場合もありますが、何も得られない場合も少なくない。ただ、一家はG市で生活保護を受給していたので、どこか別の街に移っても再び生活保護などの公的支援を申請する可能性があります。当時の担当者は、そういう点を考慮して情報提供を求めていたのではないでしょうか。もっとも、公的機関と一切関わらず、住民票を残したまま各地を転々とされてしまったら、実際問題として児童相談所はお手上げです」

お手上げ、そんな言葉を聞くとは思わなかった。一方、それは児童相談所が抱える苦悩の現れでもあった。

†警察による強制介入

児童相談所では捜索がむずかしいというなら警察に動いてもらえばいいではないか、私は率直な思いを口にしたが、相談支援課長は「簡単ではない」と首を振った。

あきらかに虐待が行われている、子どもの心身が危険な状態にある、事件に発展する可能性が高い、そうした緊急事案ならともかく、「夜逃げ」のようなケースで警察が捜査するとは思えない。児童相談所から警察に相談はできるが、その先、警察が捜査に乗り出すかどうかはわからないという。

そもそも、児童相談所は親の人権や個人情報を考慮しなくてはならない。個人のプライバシーや家庭内の問題を調査するだけでも法的根拠が求められる。

たとえば「あの家庭は怪しい」といった疑いの段階では、児童相談所がいきなり玄関のドアを壊して家庭内に突入することなどできない。憲法には「住居不可侵」という規定があるからだ。

現行の児童虐待防止法では、児童相談所が強制的な立ち入り調査を行う「捜索・臨検」という権限が認められている。だが、職権を行使するためには、それが必要であるという客観的な事実、確実な証拠を丹念に積み重ね、家庭裁判所に令状を申請しなければならない。

法定の手続きを踏まえず、単に「疑い」や「可能性」というレベルで踏み込んでいけば、半面では親への人権侵害や冤罪という結果を招く恐れもある。

第三章で書いた横浜市の女児遺棄事件では、児童相談所が警察に捜査を依頼するまで八カ月を要している。この間、横浜市役所や横浜市中央児童相談所の担当者は繰り返し母親に接触し、女児の安否確認を目指した。

それでも安否がわからないまま、ついには母親まで行方不明になり、ようやく警察に捜査協力を求めている。こうした経緯からも、児童相談所が警察に捜査協力を求める「慎重さ」が窺える。

†「想定外のケース」にどう対応するか

事後の捜索がむずかしいというなら、事前に踏み込んだ対応はできなかったのか、私は別の切り口から質問してみた。

「一家の行方がわからなくなる前、G市の簡易宿泊所に暮らしていたとき、亮太君やSちゃんを一時保護するという方法は考えられなかったでしょうか」

一時保護とは、児童福祉法三三条の規定に基づく行政処分だ。児童相談所長または都道府県知事等が必要と認めた場合、子どもの保護が行われ、一時保護所という施設に収容する。対象となるのは棄児や迷子、虐待や放任などの理由で家庭から引き離す必要がある場合、子どもの行動が自己や他人に危害を生じさせる場合などだ。

基本的には保護者や本人の同意で実施されるが、同意を得られなくてもあきらかな必要性が認められる場合は行政職権での一時保護ができる。

当時の子どもたちの状況を考えれば、一時保護を検討してもよかったのではないかと思えるが、相談支援課長は別の視点を示した。

「ホームレスだった一家が生活保護を受給し、簡易宿泊所とはいえ住まいを得たわけです。少年はフリースクールに通うことになったし、Sちゃんに対してもさまざまな支援メニューが用意されたと思います。たとえば保健師の訪問指導や育児支援、保育園のあっせん、児童手当の受給もあったでしょう。つまり、一家の生活は以前に比べて上向きになり安定していた。この状況で一時保護が必要だったかと言えば、むしろ必要ないと担当者が考えても無理はありません」

ホームレスだった一家に、衣食住すべてが保障されるようになった。福祉や医療、教育や保育など多彩な支援メニューが用意された。確かに「上向き、安定」という生活になったわけだから、この時点で一時保護の必要はないと判断するのは妥当かもしれない。

相談支援課長は話をつづけた。

「結果論として、あのときもっとこうできなかったのか、ここでもう少し踏み込んでいれば、そんなふうに批判されることはあるでしょう。ただ、私たちからしたら、そのときその場ではできる限りのことをやっているつもりなんです」

目の前の親子のリスクをどう判定するか、それさえも簡単ではないという。たとえば実際には育児放棄をしていても「子どもにご飯を食べさせてます。しっかり面倒を見ています」と親が嘘をつく場合も少なくない。

親の言葉や態度が真実なのか、そうでないのか、「人間が人間を判定するのはむずかしい」、相談支援課長は嘆息した。

「少年のケースが該当するかどうかはわかりませんが、簡易宿泊所にいたとき、母親が嘘をついていたとしたら、やはりリスクを把握するのには限界がある。担当者にすれば、前向きにがんばっている様子に安心していたのに突然いなくなってしまった、こういう想定外の話になるわけです」

そうして行方がわからなくなったら、捜し出すのは簡単ではない。法律や行政機関、さまざまな支援策があったとしても、そこからこぼれ落ちてしまったら現行のシステムでは想定外。消えてしまった子どもを救うための具体的な方法が見出せず、それは児童相談所にとっても重い課題だという。

だが現実に、かつても、今も、こぼれ落ちたままの子どもたちが少なからずいる。


二〇一一年二月、亮太は家族とともにおよそ半年暮らしたG市の簡易宿泊所を出た。小学五年生以来、長く居所不明児童だった彼にとって、ようやくつかみかけた救いの手は断ち切られた。

その三年後、二〇一四年三月に強盗殺人という重い罪を犯す。事件直前の心境を、彼はこう綴っている。

――事件の数日前、信頼できるかもしれないと思えたおとなに問いかけてみた。

「自分は何のために生きているのかわからない」と。しかし、その人からはあいまいな答えしか返ってこなかった。人を頼るのは間違いだと思った。結局、人は自分のことがかわいいんだ、と――。

　誰かを頼っていい、誰かが助けてくれる、そして実際に救われていたなら、亮太の人生はどう変わっていただろうか。

　彼の手によって、かけがえのない二つの命が奪われることはなかっただろうか。

　僕のような存在を作ってはいけない、そう訴えたひとりの少年に、私たちはどんな答えを用意できるのだろうか。

ちくま新書
1120

ルポ 居所不明児童《きょしょふめいじどう》
——消《き》えた子《こ》どもたち

二〇一五年四月一〇日 第一刷発行

著者 石川結貴（いしかわ・ゆうき）
発行者 熊沢敏之
発行所 株式会社 筑摩書房
東京都台東区蔵前二-五-三 郵便番号一一一-八七五五
振替〇〇一六〇-八-四一二三
装幀者 間村俊一
印刷・製本 株式会社 精興社

乱丁・落丁本の場合は、左記宛にご送付下さい。
送料小社負担でお取り替えいたします。
ご注文・お問い合わせも左記へお願いいたします。
〒三三一-八五〇七 さいたま市北区櫛引町二-六〇四
筑摩書房サービスセンター 電話〇四八-六五一-〇〇五三

ISBN978-4-480-06828-6 C0236

1075
慰安婦問題
熊谷奈緒子
従軍慰安婦は、なぜいま問題なのか。背景にある戦後補償問題、アジア女性基金などの経緯を解説。特定の立場によらない、バランスのとれた多面的理解を試みる。

1111
平和のための戦争論
――集団的自衛権は何をもたらすのか？
植木千可子
「戦争をするか、否か」を決めるのは、私たちの責任になる。集団的自衛権の容認によって、日本と世界はどう変わるのか？　現実的な視点から徹底的に考えぬく。

606
持続可能な福祉社会
――「もうひとつの日本」の構想
広井良典
誰もが共通のスタートラインに立つにはどんな制度が必要か。個人の生活保障や分配の公正が実現され環境制約とも両立する、持続可能な福祉社会を具体的に構想する。

649
郊外の社会学
――現代を生きる形
若林幹夫
「郊外」は現代社会の宿命である。だが、その輪郭は捉え難い。本書では、その成立ちと由来を戦後史のなかに位置づけ、「社会を生きる」ことの意味と形を問う。

659
現代の貧困
――ワーキングプア／ホームレス／生活保護
岩田正美
貧困は人々の人格も、家族も、希望も、やすやすと打ち砕く。この国で今、そうした貧困に苦しむのは「不利な人々」ばかりだ。なぜ？　処方箋は？　をトータルに描く。

710
友だち地獄
――「空気を読む」世代のサバイバル
土井隆義
周囲から浮かないよう気を遣い、その場の空気を読もうとするケータイ世代。いじめ、ひきこもり、リストカットなどから、若い人たちのキツさと希望のありかを描く。

746
安全。でも、安心できない…
――信頼をめぐる心理学
中谷内一也
凶悪犯罪、自然災害、食品偽装……。現代社会に潜むリスクを「適切に怖がる」にはどうすべきか？　理性と感情のメカニズムをふまえて信頼のマネジメントを提示する。

ちくま新書

757 サブリミナル・インパクト ——情動と潜在認知の現代　下條信輔

巷にあふれる過剰な刺激は、私たちの情動を揺さぶり潜在脳に働きかけて、選択や意思決定にまで影を落とす。心の潜在性という沃野から浮かび上がる新たな人間観とは。

759 山口組概論 ——最強組織はなぜ成立したのか　猪野健治

傘下人員四万人といわれる山口組。警察の厳しい取り締まり、社会の指弾を浴びながら、なぜ彼らは存在するのか？　その九十年の歴史と現在、内側の論理へと迫る。

772 学歴分断社会　吉川徹

格差問題を生む主たる原因は学歴にある。そして今、日本社会は大卒か非大卒かに分断されてきた。そのメカニズムを解明し、問題点を指摘し、今後を展望する。

784 働き方革命 ——あなたが今日から日本を変える方法　駒崎弘樹

仕事に人生を捧げる時代は過ぎ去った。「働き方」の枠組みを変えて少ない時間で大きな成果を出し、家庭や地域社会にも貢献する新しいタイプの日本人像を示す。

787 日本の殺人　河合幹雄

殺人者は、なぜ、どのように犯行におよんだのか。彼らにはどんな刑罰が与えられ、出所後はどう生活しているか……。仔細な検証から見えた人殺したちの実像とは。

800 コミュニティを問いなおす ——つながり・都市・日本社会の未来　広井良典

高度成長を支えた古い共同体が崩れ、個人の社会的孤立が深刻化する日本。人々の「つながり」をいかに築き直すかが最大の課題だ。幸福な生の基盤を根っこから問う。

802 心理学で何がわかるか　村上宣寛

性格と遺伝、自由意志の存在、知能のはかり方……。これらの問題を考えるには科学的方法が必要だ。俗説や疑似科学を退け、本物の心理学を最新の知見で案内する。

ちくま新書

809
ドキュメント 高校中退
――いま、貧困がうまれる場所
青砥恭
高校を中退し、アルバイトすらできない貧困状態へと落ちていく。もはやそれは教育問題ではなく、社会を揺るがす問題である。知られざる高校中退の実態に迫る。

813
それでも子どもは減っていく
本田和子
出生率低下は成熟社会に伴う必然。「少なく産みたい」女性の実態を明かしつつ、子どもが「少なく存在すること」の意味を追求し、我々が彼らに託すものを展望する。

817
教育の職業的意義
――若者、学校、社会をつなぐ
本田由紀
このままでは、教育も仕事も、若者たちにとって壮大な詐欺でしかない。教育と社会との壊れた連環を修復し、日本社会の再編を考える。

830
死刑と無期懲役
坂本敏夫
受刑者の処遇や死刑執行に携わった刑務官がみた処罰の真実。反省を引き出し、規律と遵法精神を身につけさせようと励む刑務官が処刑のレバーを引く瞬間とは――。

853
地域再生の罠
――なぜ市民と地方は豊かになれないのか？
久繁哲之介
活性化は間違いだらけだ！　多くは専門家らが独善的に行う施策にすぎず、そのために衰退は深まっている。このカラクリを暴き、市民のための地域再生を示す。

854
ニッポンの海外旅行
――若者と観光メディアの50年史
山口誠
なぜ最近の若者は旅に出なくなったのか？　戦後の各時代を象徴するメディアから、旅の形がどのように変化したか読み解き、現在の海外旅行が持つ問題の本質に迫る。

855
年金は本当にもらえるのか？
鈴木亘
本当に年金は破綻しないのか？　政治家や官僚は難解な用語や粉飾決算によって国民を騙し、その真実を教えてはくれない。様々な年金の疑問に一問一答で解説する。

ちくま新書

923
原発と権力
——戦後から辿る支配者の系譜
山岡淳一郎
戦後日本の権力者を語る際、欠かすことができない原子力。なぜ、彼らはそれに夢を託し、推進していったのか。忘れ去られていた歴史の暗部を解き明かす一冊。

937
階級都市
——格差が街を侵食する
橋本健二
街には格差があふれている。古くは「山の手」「下町」と身分によって分断されていたが、現在もその構図は変わっていない。宿命づけられた階級都市のリアルに迫る。

939
タブーの正体！
——マスコミが「あのこと」に触れない理由
川端幹人
電力会社から人気タレント、皇室タブーまで、マスコミ各社が過剰な自己規制に走ってしまうのはなぜか？『噂の眞相』元副編集長がそのメカニズムに鋭く迫る！

941
限界集落の真実
——過疎の村は消えるか？
山下祐介
「限界集落はどこも消滅寸前」は嘘である。危機を煽り立てるだけの報道や、カネによる解決に終始する政府の過疎対策の誤りを正し、真の地域再生とは何かを考える。

947
若者が無縁化する
——仕事・福祉・コミュニティでつなぐ
宮本みち子
高校中退者、若者ホームレス、低学歴ニート、世の中から切り捨てられ、孤立する若者たち。彼らを社会につなぎとめるために、現状を分析し、解決策を探る一冊。

955
ルポ 賃金差別
竹信三恵子
パート、嘱託、派遣、契約、正規……。同じ仕事内容でも、賃金に差が生じるのはなぜか？　非正規雇用という現代の「身分制」をえぐる、衝撃のノンフィクション！

971
夢の原子力
——Atoms for Dream
吉見俊哉
戦後日本は、どのように原子力を受け入れたのか。核戦争の「恐怖」から成長の「希望」へと転換する軌跡を、緻密な歴史分析から、ダイナミックに抉り出す。

ちくま新書

981
脳は美をどう感じるか
——アートの脳科学
川畑秀明
なぜ人はアートに感動するのだろうか。モネ、ゴッホ、フェルメール、モンドリアン、ポロックなどの名画を題材に、人間の脳に秘められた最大の謎を探究する。

985
中国人民解放軍の実力
塩沢英一
膨張する中国の軍事力に対する警戒感が世界で高まっている。領土領海への野心も小さくない。軍幹部の証言や独自入手した資料で不透明な人民解放軍の実像に迫る。

987
前田敦子はキリストを超えた
——〈宗教〉としてのＡＫＢ48
濱野智史
ＡＫＢ48の魅力とはなにか？　前田敦子は、なぜあれほど「推された」のか？　劇場・握手会・総選挙……。その宗教的システムから、ＡＫＢ48の真実を明かす！

992
「豊かな地域」はどこがちがうのか
——地域間競争の時代
根本祐二
低成長・人口減少の続く今、地域間の「パイの奪いあい」が激化している。成長している地域は何がちがうのか？北海道から沖縄まで、11の成功地域の秘訣を解く。

995
東北発の震災論
——周辺から広域システムを考える
山下祐介
中心のために周辺がリスクを負う「広域システム」。その巨大で複雑な機構が原発問題や震災復興を困難に追い込んでいる現状を、気鋭の社会学者が現地から報告する。

1001
日本文化の論点
宇野常寛
私たちは今、何に魅せられ、何を想像／創造しているのか。私たちの文化と社会はこれからどこへ向かうのか。人間と社会との新しい関係を説く、渾身の現代文化論！

1020
生活保護
——知られざる恐怖の現場
今野晴貴
高まる生活保護バッシング。その現場では、いったい何が起きているのか。自殺、餓死、孤立死……。追いつめられ、命までも奪われる「恐怖の現場」の真相に迫る。

1064
日本漁業の真実
濱田武士

減る魚資源、衰退する漁村、絶えない国際紛争……。漁業は現代を代表する「課題先進産業」だ。その漁業に何が起きているのか。知られざる全貌を明かす決定版！

1066
使える行動分析学
――じぶん実験のすすめ
島宗理

仕事、勉強、恋愛、ダイエット……。できない、守れないのは意志や能力の問題じゃない。行動分析学の理論で推理し行動を変える「じぶん実験」で解決できます！

1067
男子の貞操
――僕らの性は、僕らが語る
坂爪真吾

男はそんなにエロいのか？　初体験・オナニー・風俗・童貞など、様々な体験を交えながら、男の性の悩みを一刀両断する。学校では教えてくれない保健体育の教科書。

1072
ルポ 高齢者ケア
――都市の戦略、地方の再生
佐藤幹夫

独居高齢者や生活困窮者が増加する「都市」、人口減や市街地の限界集落化が進む「地方」。正念場を迎えた「高齢者ケア」について、先進的事例を取材して考える。

1077
記憶力の正体
――人はなぜ忘れるのか？
高橋雅延

物忘れをなくしたい。嫌な思い出を忘れたい。本当に記憶を操作することはできるのか？　多くの人を魅了する記憶力の不思議を、実験や体験をもとに解説する。

1078
日本劣化論
笠井潔
白井聡

幼稚化した保守、アメリカと天皇、反知性主義の台頭、左右の迷走、日中衝突の末路……。戦後日本は一体どこまで堕ちていくのか？　安易な議論に与せず徹底討論。

1090
反福祉論
――新時代のセーフティーネットを求めて
金菱清
大澤史伸

福祉に頼らずに生き生きと暮らす、生活困窮者やホームレス。制度に代わる保障を発達させてきた彼らの生活実践に学び、福祉の限界を超える新しい社会を構想する。

ちくま新書

1091
もじれる社会
――戦後日本型循環モデルを超えて
本田由紀
もじれる＝もつれ＋こじれ。行き詰まり、悶々とした状況にある日本社会の見取図を描き直し、教育・仕事・家族の各領域が抱える問題を分析、解決策を考える。

1094
東京都市計画の遺産
――防災・復興・オリンピック
越澤明
幾多の惨禍から何度も再生してきた東京。だが、インフラ未整備の地区は数多い。首都大地震、防災への備え、五輪へ向けた国際都市づくりなど、いま何が必要か？

1097
意思決定トレーニング
印南一路
優柔不断とお悩みのあなた！　それは性格のせいではなく、決め方を知らないのが原因です。ダメなルールをやめて、誰もが納得できる論理的な方法を教えます。

1100
地方消滅の罠
――「増田レポート」と人口減少社会の正体
山下祐介
「半数の市町村が消滅する」は嘘だ。「選択と集中」などという論理を振りかざし、地方を消滅させようとしているのは誰なのか。いま話題の増田レポートの虚妄を暴く。

1108
老人喰い
――高齢者を狙う詐欺の正体
鈴木大介
オレオレ詐欺、騙り調査、やられ名簿……。平均貯蓄額２０００万円の高齢者を狙った、「老人喰い＝特殊詐欺犯罪」の知られざる正体に迫る！

1110
若者はなぜ「決めつける」のか
――壊れゆく社会を生き抜く思考
長山靖生
すぐに決断し、行動することが求められる現在。まともな仕事がなく、「自己責任」と追い詰められ、若者が「決めつけ」に走る理不尽な時代の背景を探る。

1113
日本の大課題 子どもの貧困
――社会的養護の現場から考える
池上彰編
格差が極まるいま、家庭で育つことができない子どもが増えている。児童養護施設の現場から、子どもの貧困についての実態をレポートし、課題と展望を明快にえがく。